D1726587

De
BEAUX BOUQUETS
toute l'année

De
BEAUX BOUQUETS
toute l'année

◆

Choisir et assembler les fleurs fraîches

Jenny Raworth & Susan Berry

photographies de Mike Newton

Sélection *du* Reader's Digest

PARIS • BRUXELLES • MONTRÉAL • ZURICH

DE BEAUX BOUQUETS TOUTE L'ANNÉE
est l'adaptation française de *FLOWER ARRANGING*
conçu, réalisé et publié par Collins & Brown Limited, Londres

ÉDITION ORIGINALE
Direction éditoriale : Sarah Hoggett
Direction artistique : Roger Bristow
Conception artistique : Kevin Williams
Photographies en studio de Mike Newton

ÉDITION FRANÇAISE
Traduction : Marjorie Bellay
Montage PAO : Frédéric Bellay

Sous la direction éditoriale de Sélection du Reader's Digest
Direction éditoriale : Gérard Chenuet
Responsables de l'ouvrage : Élisabeth Glachant, Philippe Leclerc
Lecture-correction : Catherine Decayeux, Béatrice Omer
Couverture : Claude Ramadier
Fabrication : Frédéric Pecqueux

PREMIÈRE ÉDITION
Édition originale
© 1996, Collins & Brown Limited
© 1996, Jenny Raworth et Susan Berry pour les textes

Édition française
© 1996, Sélection du Reader's Digest, SA
212, boulevard Saint-Germain 75007 Paris

© 1996, N.V. Reader's Digest, SA
29, quai du Hainaut, 1080 Bruxelles

© 1996, Sélection du Reader's Digest (Canada), Limitée
215, avenue Redfern, Montréal, Québec H3Z 2V9

© 1996, Sélection du Reader's Digest, SA
Räffelstrasse 11, « Gallushof », 8021 Zurich

ISBN 2-7098-0793-4

Sommaire

Introduction

CHAQUE SAISON OFFRE à l'amateur d'arrangements floraux une incroyable diversité de fleurs et de feuillages, depuis les premiers minuscules perce-neige de l'hiver jusqu'aux feuilles dorées et aux baies rouge vif de l'automne. Que vous les choisissiez dans votre jardin ou que vous les achetiez chez le fleuriste, les fleurs offriront toutes une riche gamme de couleurs et un élément central à n'importe quelle composition – apportant instantanément une touche de gaieté, tout au long de l'année.

Il n'y a pas si longtemps, l'art floral obéissait à des règles strictes quant à la forme, au genre et à la couleur, s'inspirant souvent de l'art japonais. Ces règles privilégiaient la simplicité, et les compositions florales les plus prisées étaient souvent des créations formelles comportant une seule fleur, placée de manière exquise. Malheureusement, les créateurs n'assimilaient pas toujours les principes sous-jacents de l'esthétique, et réalisaient des combinaisons d'éléments et de couleurs rigides, qui ne rehaussaient pas du tout les formes naturelles des fleurs.

Depuis quelques années, les compositions florales sont devenues beaucoup plus naturelles, car elles s'inspirent de l'aspect des plantes dans les jardins. *De beaux bouquets toute l'année* applique cette méthode, qui respecte les caractéristiques naturelles de chaque plante et s'efforce d'en tirer parti. Observez attentivement les principales qualités des plantes utilisées dans vos arrangements – la forme (l'élégance sculpturale d'un lis), la couleur (l'allure spectaculaire d'une rose rouge foncé), la texture (des branches de cornouiller aux feuilles pointues), le parfum (l'arôme capiteux du lilas). Apprenez à mettre en valeur ces attributs, et vous serez vite en mesure de réaliser des arrangements simples et harmonieux.

Comme dans tout travail de création, le côté technique pourra vous faire perdre de vue votre objectif. La clé de la réussite dans l'arrangement floral ne réside pas tant dans l'assemblage physique de tous les composants que dans la compréhension de leurs caractéristiques et dans la façon dont les divers éléments s'harmonisent. Quand vous aurez assimilé les principes exposés dans cet ouvrage, vous serez capable de réussir facilement de belles compositions équilibrées.

À droite : l'ajout des lisianthus, de textures et de formes différentes mais dans la même gamme de couleur, donne de la profondeur et du contraste à la composition tout en maintenant la même allure générale.

Ci-dessus : un seul type de fleur (cerfeuil musqué) entre dans cette composition simple et délicate. Le feuillage forme une collerette autour de l'ouverture du pot, tandis que les fleurs s'épanouissent en cascade.

Ci-dessus : ajoutez une autre fleur – ici de grands lis blancs cireux – et l'arrangement prend un aspect plus recherché, tout en restant simple.

Ce sont parfois les fleurs qui vous fourniront le point de départ d'un arrangement, et vous devrez rechercher un contenant bien adapté. D'autres fois, vous choisirez d'abord le contenant, puis les fleurs et le feuillage appropriés. Ou bien, plus souvent encore, vous souhaiterez réaliser un arrangement pour un endroit précis – une console dans l'entrée ou une table basse dans la salle à manger, par exemple. Quel que soit votre point de départ, assurez-vous que les éléments sont bien assortis. Étudiez les textures, les formes et les couleurs, à la fois des fleurs et du contenant. Les chapitres qui suivent vous indiqueront comment faire un choix judicieux.

Comment consulter cet ouvrage

De beaux bouquets toute l'année a été conçu comme un guide sur les principes de base de la composition florale. Après avoir décrit les techniques de base, comme la réalisation d'un support stable pour vos arrangements ou la préparation des fleurs pour leur assurer une grande longévité, l'ouvrage détaille les différents éléments d'un arrangement – fleurs et feuillage, contenant, etc. –, puis étudie l'aspect esthétique – forme, couleur, texture et parfum. Les projets proposés à la fin de chaque chapitre vous permettent de mettre en pratique ce que vous avez appris. Nous vous proposons également des variations à partir d'une combinaison de couleurs ou de fleurs différentes, pour vous permettre de créer des arrangements similaires tout au long de l'année.

Le but n'est pas de dispenser des règles strictes, mais de vous inciter à tirer le maximum des éléments dont vous disposez. Nous avons évité de proposer des variétés de fleurs précises car vous n'avez pas besoin d'utiliser exactement la même variété de rose, de lavande ou de clématite, que vous ne trouverez d'ailleurs peut-être pas dans votre jardin ou chez le fleuriste. Quand vous aurez assimilé les règles de base, vous pourrez facilement remplacer les fleurs proposées par d'autres fleurs, de couleur, de forme ou de texture similaires.

Les fleurs fraîches ne constitueront plus un plaisir éphémère si vous réalisez chaque semaine un nouvel arrangement – même s'il ne s'agit que d'un petit bouquet de violettes dans un contenant tout simple.

À droite : ce grand arrangement hivernal est parfait pour une cheminée ou un piédestal. Composé de feuillage persistant et de baies, il offre un contraste de textures qui lui donne tout son intérêt. Remarquez comment la forme de l'arrangement est déterminée par les branches tortueuses qui le structurent, créant ainsi une asymétrie tout à fait naturelle.

Quelles fleurs choisir ?

On peut trouver toute l'année une abondante richesse de végétaux. Les fleuristes en proposent couramment une variété incroyable ; cependant, vous ferez des économies en cultivant vos propres fleurs et feuillages. Voici un choix de plantes de jardin particulièrement intéressantes, classées par saisons. Sauf mention contraire, ce sont pour leurs fleurs que ces plantes ont été sélectionnées.

Hiver
Mahonia – feuilles et baies
Houx *(Ilex)* – feuilles et baies
Lierre *(Hedera)* – feuilles
Senecio greyii – feuilles
Fatsia japonica – feuilles et baies
Perce-neige *(Galanthus nivalis)*
Ellébore *(Helleborus)*
Viorne *(Viburnum)* – feuilles et baies
Cornouiller *(Cornus)* – tiges
Brindilles de bouleau *(Betula)*

Printemps
Grappe de muscari *(Muscari)*
Narcisse *(Narcissi)*
Tulipe *(Tulipa)*
Iris *(Iris)*
Freesia *(Freesia)*
Bouton-d'or *(Ranunculus)**
Primevère *(Polyanthus)**
Pensée *(Viola)*
Lilas *(Syringa)*
Eucalyptus *(Eucalyptus)* – feuillage

* Ne pas ramasser dans la nature sans autorisation.

Été
Pied-d'alouette *(Delphinium)*
Giroflée *(Matthiola)*
Rose *(Rosa)*
Pivoine *(Paeonia)*
Lis *(Lilium)*
Bleuet *(Centaurea)*
Souci *(Calendula)*
Hosta – feuilles
Clématite *(Clematis)*
Pois de senteur *(Lathyrus odorata)*
Euphorbe *(Euphorbia)* – fleurs et feuillage
Lavande *(Lavandula)*
Aneth *(Anethum graveolens)* – feuillage
Œillet *(Dianthus)*

Automne
Chrysanthème *(Chrysanthemum)*
Achillée *(Achillea)*
Spirée *(Spiraea)* – feuillage
Monnaie-du-pape *(Lunaria)* – têtes en graines
Pyracantha (baies et feuillage)
Nerine *(Nerine bowdenii)*
Glaïeul *(Gladiolus)*
Aster d'automne *(Aster)*

À droite : cet arrangement élégant en forme d'éventail est composé d'espèces soigneusement choisies pour leur texture et leur effet de contraste. Une palette de couleurs limitée – à prédominance blanche, verte et or – unifie l'arrangement. Dans le résultat final, le feuillage est aussi important que les fleurs.

Les techniques de base

OUTRE DES INFORMATIONS pratiques sur l'équipement de base dont vous avez besoin, ce chapitre vous explique en détail comment choisir, préparer et entretenir les fleurs et les feuilles, ainsi que la meilleure façon de conserver vos compositions. Il vous donne également les lignes directrices pour choisir contenants et supports adaptés. Enfin, les techniques de finition vous permettront d'obtenir des résultats dignes d'un vrai professionnel.

Équipement

Voici une liste d'éléments essentiels pour la réalisation d'un arrangement floral : une paire de ciseaux robustes et un couteau de cuisine bien aiguisé, de la mousse synthétique dans laquelle ancrer fleurs et feuillage, un assortiment de ficelle, de ruban et de fil métallique pour maintenir les arrangements en place. Il est également utile d'avoir sous la main du raphia et quelques rubans de différentes couleurs pour les touches de finition. Regroupez tout le matériel au même endroit et travaillez sur une table où fleurs et feuillage sont à portée de main. Pour en conserver la fraîcheur, gardez les ingrédients dans l'eau jusqu'à ce que vous en ayez besoin, et travaillez dans un endroit assez frais. Vous aurez aussi besoin d'une poubelle pour les chutes.

Matériel de fixation

Ci-dessous : de nombreux outils permettent de fixer les supports à un contenant ou les fleurs sur les supports. Vous aurez besoin de fil métallique de différents diamètres, de ficelle, de ruban adhésif et d'épingles.

Matériel coupant

Ci-dessous : ciseaux et couteau sont nécessaires pour couper les tiges des fleurs. Peu importe leur taille, mais assurez-vous qu'ils soient bien aiguisés et faciles à manipuler.

Fil métallique

Élastiques

Grandes épingles

Gutta-percha

Épingles recourbées

Fil de fleuriste

Ruban adhésif

Ruban de fleuriste

Couteau

Ciseaux

Éléments de finition

À droite : ayez toujours à votre disposition du ruban, du raphia, de la corde et de la ficelle de différents styles et couleurs, qui orneront les contenants et les emballages-cadeaux de vos bouquets.

Corde

Ficelle

Raphia

Ruban

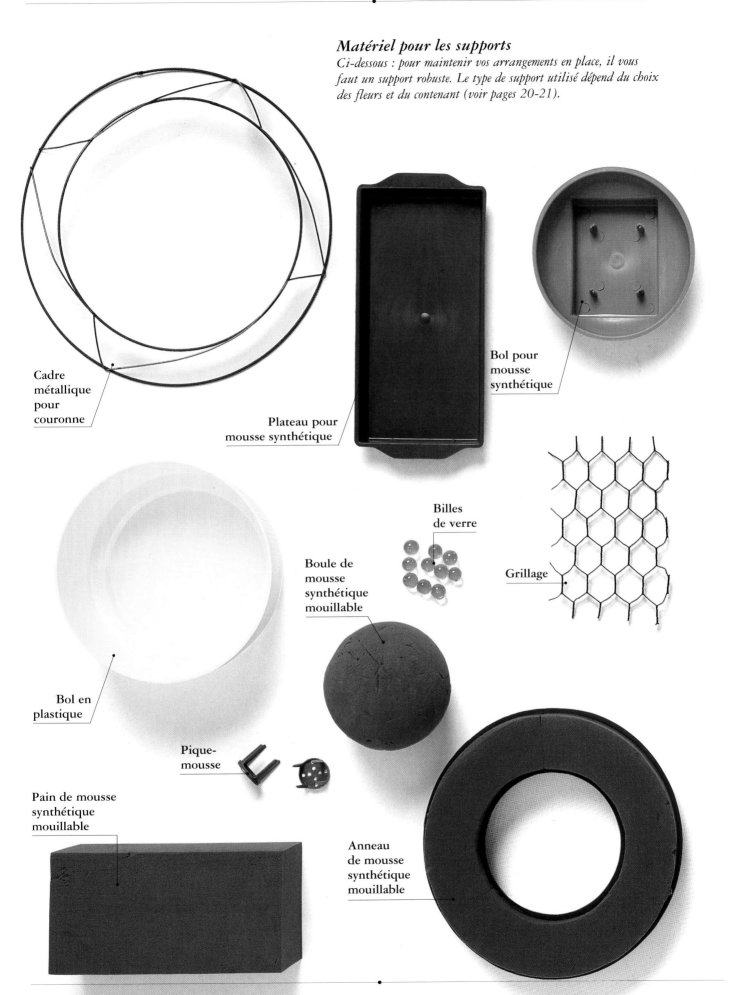

Matériel pour les supports

Ci-dessous : pour maintenir vos arrangements en place, il vous faut un support robuste. Le type de support utilisé dépend du choix des fleurs et du contenant (voir pages 20-21).

Cadre
métallique
pour
couronne

Plateau pour
mousse synthétique

Bol pour
mousse
synthétique

Billes
de verre

Boule de
mousse
synthétique
mouillable

Grillage

Bol en
plastique

Pique-
mousse

Pain de mousse
synthétique
mouillable

Anneau
de mousse
synthétique
mouillable

Contenants

PRATIQUEMENT TOUS LES TYPES de contenants conviennent aux arrangements floraux. Assurez-vous simplement que fleurs et contenant se complètent, et que le récipient ne détourne pas l'attention au détriment des fleurs.

Trois règles doivent vous guider dans le choix du contenant. Avant tout, pensez à la forme et à la couleur des fleurs que vous prévoyez d'utiliser (voir pages 32-33). Puis décidez du style de votre arrangement : classique ou non, imposant ou simple, sophistiqué ou naturel. Enfin, choisissez, parmi vos contenants disponibles – en verre, en porcelaine, en terre cuite, en osier, en bois… – celui qui conviendra le mieux aux fleurs choisies et au style de composition que vous souhaitez obtenir.

Vous ne devez pas penser uniquement à la taille et à la forme du récipient, mais aussi à sa couleur, à sa matière. L'aspect lisse du verre ou de la porcelaine, la texture grossière de la terre cuite et la rugosité de l'osier sont tous adaptés à différents types de fleurs. Un simple seau en émail, par exemple, convient à merveille pour des fleurs sauvages, tandis qu'un grand vase en verre est parfait pour rehausser la beauté éclatante de grands lis altiers. Si vous hésitez, optez pour la simplicité : des couleurs claires concentreront l'attention sur la beauté des fleurs, alors qu'un contenant très décoré attirera le regard au détriment des fleurs.

On manque souvent de place pour stocker toute une gamme de récipients, mais, en sélectionnant avec minutie un choix très varié de formes, de tailles, de couleurs et de textures, vous pourrez réaliser des styles d'arrangements adaptés à n'importe quels occasion ou emplacement. Ces deux pages présentent une variété de contenants contrastés tout en vous indiquant les types de fleurs qui s'y adapteraient bien.

Contenants en céramique et en terre cuite

Ci-dessous : assurez-vous que le contenant est bien assorti à la couleur dominante des fleurs de votre arrangement. Ces récipients à l'aspect robuste peuvent tous parfaitement s'accommoder d'une multitude de petites fleurs délicates.

Pichet vernissé

Pot en terre cuite

Broc en céramique

Saladier en céramique

**Vase en verre
à col évasé**

**Vase en verre
à col crénelé
et évasé**

**Vase en verre
à bords droits**

**Vase en verre bombé
pour petit bouquet**

Contenants en verre

À gauche : élégant, frais et raffiné, le verre convient parfaitement à des arrangements délicats. Un simple vase en verre constitue un contenant très attrayant pour des compositions d'une seule couleur. Les tiges et le contenu du vase étant toujours visibles, vous devrez dissimuler tout ce qui sert à les maintenir en place. Des billes de verre ou une grille en ruban adhésif (voir page 21) sont des matériaux discrets et commodes pour fixer des fleurs dans du verre.

Contenants en porcelaine peinte

À droite : les contenants en porcelaine peinte s'associent bien aux fleurs délicates et à un mélange de couleurs douces. La forme du récipient aidera à déterminer celle de l'arrangement (voir pages 38-39), et sa couleur peut s'harmoniser ou contraster avec son contenu.

Contenants informels

Ci-dessous : les paniers en osier et les corbeilles de jardinier en bois confèrent à un arrangement un aspect naturel. Afin de les rendre imperméables, garnissez l'intérieur d'un film plastique. Rien de mieux qu'un seau émaillé pour arranger sans recherche particulière un ensemble de petites fleurs.

**Coupe en
porcelaine**

**Broc en
porcelaine**

**Chope en
porcelaine**

**Panier rond
tapissé de
plastique**

**Corbeille
en bois**

Petit seau émaillé

**Panier tapissé de
plastique pour
petit bouquet**

Fabriquez vos propres contenants

VOUS POUVEZ CONFECTIONNER vos contenants à partir de bouteilles en plastique et de boîtes en aluminium vides bien nettoyées, en les recouvrant de feuilles persistantes ou de mousse. Vous pourrez vous servir du même contenant plusieurs fois, car les feuilles persistantes et la mousse durent longtemps. De plus, vous recyclerez ce type de contenants en les utilisant comme garniture intérieure étanche pour des récipients non imperméables, comme des paniers en osier ou des corbeilles en bois. Remplis de fleurs comme si vous veniez de les cueillir dans le jardin, ces derniers sont parfaits pour des arrangements simples et naturels. Mais comme, sans eau, les fleurs faneraient rapidement, mettez-les dans un contenant étanche de votre fabrication – il n'est pas nécessaire de le recouvrir entièrement de feuilles, il suffit d'un peu de mousse naturelle ou d'une collerette de feuilles autour du bord pour le masquer.

Réalisation d'un contenant feuillu

Ce contenant est réalisé avec de grandes feuilles persistantes collées autour d'une bouteille en plastique coupée. Un nœud en raphia vert lui donne une dernière touche de naturel.

1 *Mesurez les feuilles contre la bouteille. Percez celle-ci avec la pointe d'un couteau au niveau du bout des feuilles.*

2 *Coupez la bouteille en deux à partir du trou. Égalisez pour obtenir un bord bien droit.*

3 *Fixez les feuilles à l'aide d'un pistolet à colle, en plaçant les tiges du côté de la base de la bouteille.*

4 *Collez les feuilles tout autour du contenant en les faisant se chevaucher.*

5 *Coupez la base des feuilles pour qu'elles ne dépassent pas du contenant et obtenir ainsi un bord net. Cartouche : nouez des brins de raphia vert à mi-hauteur et autour du contenant, en terminant par un joli nœud.*

Contenant feuillu
À *droite : un habit de feuilles lustrées transforme cette bouteille en un contenant élégant.*

Réalisation d'un contenant en mousse naturelle

Pour fabriquer un contenant « moussu », recouvrez de mousse de
jardin une boîte de soda après en avoir découpé le couvercle.
La mousse restera attrayante, même quand elle sera sèche.

1 *Assurez-vous que la boîte est étanche et
que ses bords ne sont pas coupants. Puis
collez les morceaux de mousse dessus, en la
recouvrant aussi régulièrement que possible.*

2 *Ajoutez de la mousse jusqu'à ce que
la boîte soit entièrement recouverte, en
remplissant les vides éventuels avec de
petits morceaux de mousse.*

3 *Égalisez avec une paire de ciseaux bien
aiguisés autour du haut et du bas de
la boîte pour que les bords soient nets et
réguliers.*

4 *Prenez 5 ou 6 brins de raphia et, en maintenant une
extrémité fermement dans une main, entortillez-les pour
former une corde. Assurez-vous que les tortillons sont réguliers
et pas trop serrés pour que la corde puisse se nouer facilement.*

Contenant moussu

*Ci-dessus : ce contenant d'allure naturelle sied
parfaitement à l'arrangement tout simple des anémones, qui
semblent émerger d'un talus moussu dans un coin boisé.*

5 *Attachez la corde en raphia autour de la partie inférieure du
contenant recouvert de mousse, en vous assurant qu'elle se trouve
au même niveau partout, et terminez par un nœud bien net ou une
simple rosette. Si nécessaire, coupez le raphia superflu.*

Les supports

AVANT D'ENTREPRENDRE UN ARRANGEMENT floral, vous devez disposer d'un support robuste qui maintiendra les fleurs dans la position choisie. Parfois, le vase lui-même maintient suffisamment les tiges, en particulier s'il a un col étroit. Mais, le plus souvent, vous aurez recours à un support spécialement confectionné pour l'occasion.

Le type de support dépend à la fois des tiges que vous utilisez (grandes, petites, rigides, tombantes) et de la taille et de la forme du contenant. Il peut être également nécessaire de le fixer pour l'empêcher de basculer quand vous insérerez ou bougerez les fleurs et les tiges.

Les supports le plus souvent employés pour les compositions florales sont la mousse synthétique mouillable et le grillage ; mais, avec un vase en verre, par exemple, ou pour obtenir un contour plus souple, le ruban adhésif transparent et les billes de verre sont des accessoires tout indiqués pour assurer un maintien efficace (voir ci-contre).

Utilisation de la mousse synthétique mouillable

La mousse synthétique mouillable est le support le plus courant. Elle est vendue en blocs que l'on trempe dans l'eau avant d'y insérer les tiges des fleurs. Ce matériau n'est pas adapté aux fleurs à tiges très tendres, qui risquent de se casser quand vous les enfoncerez.

1 *Faites bien tremper le pain de mousse, puis découpez-le à la taille du contenant avec un couteau bien aiguisé.*

2 *Placez la mousse dans le contenant, et maintenez-la en place en utilisant des épingles recourbées ou de la gutta-percha.*

3 *Une fois le pain de mousse synthétique bien fixé, vous pouvez réaliser votre arrangement.*

Utilisation du grillage

Le grillage est un support efficace à la fois pour les fleurs à tiges fragiles et celles à grandes tiges ligneuses.

1 *Donnez au grillage la forme d'une balle grossière. Retournez les bords coupés en dessous.*

2 *Enfoncez le grillage dans le contenant. Si nécessaire, attachez-le (voir page 120).*

Base solide
À gauche : maintenues par un support en grillage, les fleurs resteront exactement en place – même si l'arrangement est lâche et ouvert.

Utilisation du ruban adhésif

Pour qu'un support soit invisible dans un contenant en verre, confectionnez
une grille en ruban adhésif transparent sur le col du vase.

1 Remplissez le vase d'eau aux deux tiers.
Essuyez l'intérieur et l'extérieur du col
jusqu'à ce qu'il soit complètement sec.

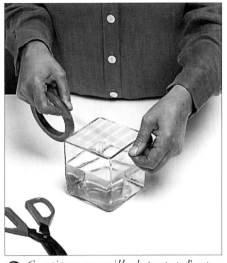

2 Constituez une grille de part et d'autre
du col du vase à l'aide de gutta-percha
ou de ruban adhésif. Adaptez les espaces au
diamètre des tiges de vos fleurs.

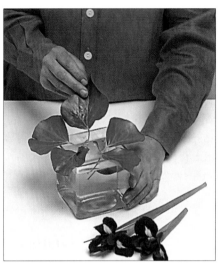

3 Insérez les fleurs ou le feuillage dans
les espaces. Ils seront maintenus droits
et dans la position souhaitée.

Utilisation de billes de verre

Les billes de verre transparent remplacent avantageusement la grille en ruban
adhésif pour soutenir des fleurs aux tiges rigides comme les lis.

1 Remplissez au tiers un contenant en verre avec des billes de
verre transparent. Ajoutez de l'eau froide jusqu'à ce que le
contenant soit plein à peu près aux deux tiers.

2 Introduisez les tiges dans cette couche de billes. Ce procédé
est valable uniquement pour les fleurs à tiges rigides : les
tiges tendres se courberaient si vous les enfonciez entre les billes.

Ancrage par les billes
À gauche : les billes
de verre sont presque
invisibles à l'intérieur
du contenant. Elles
constituent un support
solide et font ressortir
les lis.

Comment traiter les fleurs

CHACUN SOUHAITE QUE SES COMPOSITIONS florales durent le plus longtemps possible. Certaines fleurs coupées ont cependant une plus grande longévité que d'autres, mais il existe un certain nombre de traitements de base valables pour toutes les fleurs.

Assurez-vous tout d'abord que vous mettez assez d'eau et ajoutez-en quand cela est nécessaire, surtout par temps très chaud et dans les locaux équipés du chauffage central, où l'évaporation prend autant d'eau que les fleurs. Prolongez encore la durée des fleurs en incorporant à l'eau des petits sachets d'une solution d'ammoniaque et de sucre, que vous trouverez chez le fleuriste. L'eau du contenant doit rester propre car, dès qu'elle est souillée par le pourrissement des feuilles (voir ci-dessous), elle fait rapidement faner les fleurs. Veillez également à ce que la température soit modérée et stable. N'installez jamais un arrangement près d'un radiateur ou directement à la lumière du soleil. Évitez de transférer brusquement les fleurs d'une atmosphère très fraîche à une plus chaude : ce brusque changement de température les ferait faner.

Ne les transportez jamais directement d'une boutique de fleuriste fraîche à une maison dotée du chauffage central. Avant de commencer à réaliser votre arrangement, acclimatez graduellement les fleurs à des températures plus élevées en les laissant quelque temps sous un porche ombragé ou dans une entrée, plus fraîche que le reste de la maison.

En complément des conseils d'ordre général préconisés ci-dessus, il existe plusieurs façons de prolonger la vie de fleurs spécifiques. Divers traitements des tiges peuvent améliorer leur capacité à absorber l'eau (voir ci-dessous et ci-contre). Vous pouvez aussi faire ouvrir les fleurs qui sont encore en boutons (voir ci-contre).

Supprimer les feuilles

Les feuilles qui restent immergées dans l'eau pourrissent rapidement. Elles souillent l'eau et provoquent le flétrissement des fleurs. Pour pallier ce problème, et avant de commencer votre arrangement, ôtez délicatement les feuilles qui se trouveraient sous le niveau de l'eau lorsque vous mettrez les fleurs dans leur contenant.

Écraser les tiges

Les plantes à tiges ligneuses ou fibreuses n'absorbent pas facilement l'eau. Vous pouvez les y aider en écrasant les derniers 2,5 cm de tige avec un marteau. Les roses, en particulier, tirent bénéfice de ce traitement.

Ôter les bulles d'air

Pour éviter que des bulles d'air ne se forment dans les tiges ligneuses de certaines plantes – les empêchant ainsi d'absorber l'eau –, plongez ces tiges dans l'eau chaude pendant environ 20 secondes. Cartouche : enlevez aussitôt les tiges, plongez-les dans l'eau froide et laissez-les dans un endroit frais pendant 1 heure ou 2.

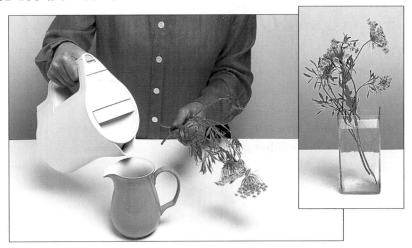

Brûler légèrement les tiges

1 *Certaines plantes, comme les euphorbes, contiennent du latex qui s'écoule quand les tiges sont coupées, souillant l'eau et privant les fleurs de leur substance nutritive. Avant de commencer un arrangement, assurez-vous que ce problème ne se pose pas.*

2 *Mais, si tel est le cas, servez-vous d'une bougie ou d'une allumette à combustion lente pour brûler légèrement la tige coupée. Ainsi obturée, la tige ne laisse plus le latex s'écouler et contaminer l'eau, qu'elle peut quand même absorber.*

Supprimer les têtes des fleurs fanées

Les fleurs ayant plusieurs têtes sur une même tige dureront plus longtemps si vous ôtez les fleurs flétries. Cela permettra à celles qui sont encore en boutons de s'ouvrir rapidement.

Supprimer les étamines

Certaines fleurs, comme les lis, ont de longues étamines. Pincez ces dernières avec les doigts ou coupez-les avec des ciseaux bien aiguisés. Vous conserverez vos fleurs plus longtemps et éviterez que le pollen ne tache vos vêtements.

Comment préparer les fleurs

TAILLER, REDRESSER LES TIGES, enlever les épines et faire ouvrir les boutons sont des pratiques essentielles à connaître pour mettre vraiment en valeur les fleurs. La clé de la réussite consiste à traiter les fleurs avec douceur : les pétales se déchirent ou s'abîment très facilement.

Quantité de raisons vous poussent à tailler les fleurs. Vous pouvez désirer raccourcir les tiges et les mettre dans un contenant plus petit ; ou bien prolonger la vie des fleurs qui ne sont plus très fraîches en les plaçant dans un petit bol ; ou encore accroître la longévité du feuillage en l'élaguant ou en ôtant les parties flétries.

Les fleurs aux tiges dégarnies vous serviront à enrichir un arrangement floral. Employez toujours une paire de ciseaux bien aiguisés, pour ne pas abîmer les tiges.

Il vous sera également utile de savoir redresser et consolider les tiges pour que les fleurs se tiennent comme vous le souhaitez. Les tiges inclinées – des tulipes et des anémones, par exemple – se redressent très bien si on en les enveloppe solidement dans du papier journal (voir ci-dessous). Pour renforcer les fleurs à tiges fragiles ou tombantes – les gerbéras, les soucis et les anémones – il suffit de les tiger avec du fil métallique de fleuriste (voir ci-contre).

Chez le fleuriste, vous choisissez probablement toujours les tiges comportant le plus de boutons, dans l'espoir qu'ils s'ouvriront graduellement et que votre arrangement durera plus longtemps.

Quelquefois, les boutons restent obstinément fermés, mais vous pourrez les aider à s'ouvrir. Les fleurs comportant plusieurs brins – les freesias, les glaïeuls ou les delphiniums, par exemple – ont souvent des fleurs mortes à la base. En les ôtant, vous permettrez aux boutons de fleurs du haut de se développer. Les fleurs aux pétales robustes et cireux – les iris par exemple – s'ouvriront si vous les maniez avec délicatesse (voir ci-contre).

Supprimez les épines des fleurs comme les roses à l'aide d'une paire de ciseaux aiguisés : non seulement vous vous protégerez les doigts, mais vous éviterez de courber les tiges accidentellement.

Redresser les tiges

1 *Cette technique est applicable aux tulipes et aux anémones, qui ont souvent des tiges courbées ou tordues. Ôtez les feuilles fanées les plus basses et enveloppez les tiges bien serrées dans du papier journal.*

2 *Placez le tout dans un pot rempli d'eau et attendez 1 ou 2 heures avant de commencer votre composition.*

Tigeage des fleurs

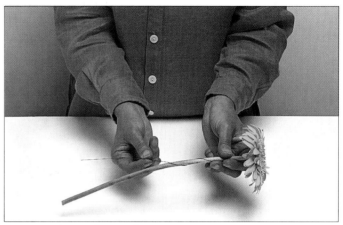

1 *Enfoncez du fil de fleuriste de calibre moyen à travers le centre de la tête de la fleur. Laissez 5 cm de fil dépasser de la tête et repliez-le en crochet.*

2 *Tenez bien le fil métallique et enroulez-le délicatement autour de la tige, jusqu'en bas. (Cette technique est destinée aux fleurs à tiges tombantes.)*

Supprimer les pétales abîmés

Les roses doivent toujours être en excellente condition pour produire un maximum d'effet. Vous pouvez les « rafraîchir » en ôtant délicatement les pétales abîmés ou fanés, avant de les arranger.

Ôter les épines

Les épines rendent délicate l'insertion des roses dans la mousse synthétique. Enlevez les feuilles basses indésirables et, à l'aide de ciseaux aiguisés, ôtez délicatement les épines de la partie inférieure de la tige.

Alléger les tiges

Pour rendre attrayant un arrangement de tulipes, ôtez quelques-unes de leurs feuilles pour que la tige soit moins volumineuse, en veillant à ne pas la plier.

Ouvrir les boutons

On peut forcer à s'ouvrir au maximum certaines fleurs aux pétales robustes et cireux. Pour cela, écartez délicatement les pétales avec vos doigts. Une fois desserrés, ils resteront dans cette position.

Réaliser un grand bouquet classique

UN BOUQUET DE FLEURS constitue un cadeau parfait en de nombreuses occasions. La difficulté consiste à arranger les fleurs de manière attrayante, en les étageant, pour que le destinataire puisse admirer toutes les fleurs d'un seul coup d'œil. Insérez du papier de soie entre les divers étages pour que les têtes des fleurs ne soient pas trop tassées ; cela permet également d'étoffer le bouquet, en le faisant paraître plus opulent.

1 *Formez un fond en éventail en disposant le feuillage sur une grande feuille de cellophane. Ôtez les feuilles cassées ou flétries.*

2 *Placez un collier de papier de soie aux deux tiers au-dessus de l'extrémité des tiges. Cela soulèvera légèrement les têtes des fleurs et les protégera.*

3 *Puis disposez les fleurs, en plaçant d'abord les plus hautes, pour que les têtes forment des étages descendant vers le bas du bouquet.*

4 *Ajoutez le reste des fleurs en forme d'éventail (voir page 60). Mettez les tiges les plus courtes à la base du bouquet.*

Bouquet raffiné
À gauche : rabattez la feuille de cellophane sur les fleurs et agrafez les bords ensemble ; resserrez la cellophane autour des tiges pour la prise en main, puis faites un nœud à quatre boucles (voir pages 28-29).

Réaliser un petit bouquet

LE PETIT BOUQUET est un présent simple et élégant. Alors qu'un grand bouquet classique est généralement destiné à être séparé et réarrangé, le petit bouquet peut être placé tel quel dans un vase ou un pot. Il est constitué d'une série de cercles concentriques de fleurs et de feuillage. Assurez-vous simplement que vous aurez suffisamment de chaque « ingrédient » pour confectionner un anneau complet.

1 *Pour réaliser un petit bouquet, partez du centre de l'arrangement pour aller vers l'extérieur. Formez un anneau de feuillage autour de l'élément central, en croisant les tiges les unes sur les autres à la base.*

2 *Ajoutez ensuite délicatement un anneau de fleurs au-dessous et tout autour du premier. Croisez les tiges les unes sur les autres à la base comme dans l'étape 1.*

3 *Ajoutez les derniers anneaux de fleurs et de feuillage. Il ne vous reste plus qu'à nouer un ruban autour de votre petit bouquet (voir page 28).*

4 *Taillez toutes les tiges à la même longueur pour que le bouquet puisse tenir debout dans un vase. Les fleurs à tiges ligneuses sont assez robustes pour tenir toutes seules, et soutiennent ainsi le reste du bouquet.*

Petit bouquet varié
À gauche : le traditionnel petit bouquet en anneaux constitue un arrangement multicolore qui est du plus bel effet tel quel dans un contenant approprié.

Nœuds et rubans

UN NŒUD EN RUBAN apporte un fini professionnel aux bouquets. La couleur du ruban peut-être assortie à celle des fleurs ou contrastée, mais elle doit reprendre au moins un des tons de l'arrangement. Le ruban réversible est le plus facile à utiliser. Les étapes ci-dessous montrent comment confectionner un nœud à quatre boucles. Pour un nœud à six boucles, ajoutez deux boucles après l'étape 3.

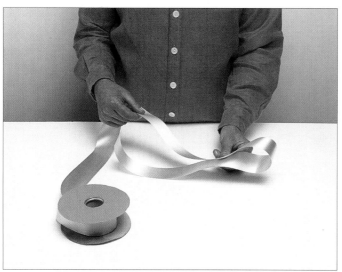

1 *Faites la première boucle en tenant le ruban à environ 15 cm de son extrémité. Le ruban côté bobine doit rester au-dessus.*

2 *Faites une deuxième boucle face à la première, en maintenant le ruban avec le pouce. Commencez une troisième boucle sur la première en ramenant le ruban côté bobine vers le centre.*

3 *Formez la quatrième boucle par-dessus la deuxième, en repliant le ruban sous le nœud.*

4 *Faites passer le ruban côté bobine sous le nœud, en laissant le pan coupé retomber doucement loin du nœud.*

5 *Prenez le nœud par le centre. Maintenez-le entre vos doigts et déployez les boucles en éventail en les espaçant régulièrement.*

6 *Pour maintenir les boucles en place, tenez le nœud dans une main, et nouez autour du centre un morceau de fil métallique de fleuriste de calibre moyen.*

7 *Coupez les pans du ruban à longueur égale, et taillez leurs extrémités en biais de façon à leur donner la forme d'un V.*

8 *Recouvrez le fil métallique utilisé à l'étape 6 en nouant délicatement un morceau de ruban étroit autour du centre du nœud.*

Un nœud à quatre boucles

Un nœud en ruban soigneusement confectionné constitue une touche de finition facile à réaliser et spectaculaire pour tous vos bouquets, grands ou petits.

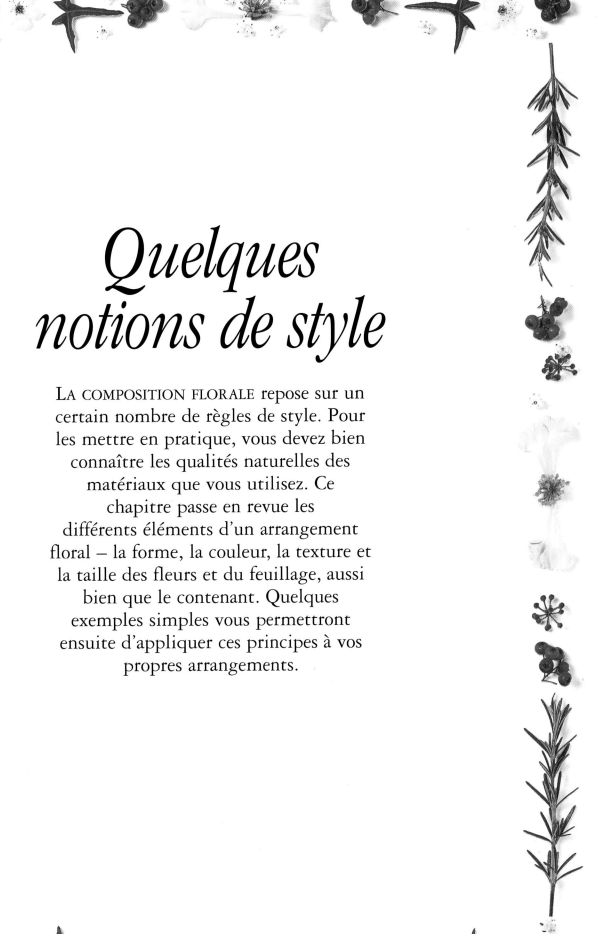

Quelques notions de style

LA COMPOSITION FLORALE repose sur un certain nombre de règles de style. Pour les mettre en pratique, vous devez bien connaître les qualités naturelles des matériaux que vous utilisez. Ce chapitre passe en revue les différents éléments d'un arrangement floral – la forme, la couleur, la texture et la taille des fleurs et du feuillage, aussi bien que le contenant. Quelques exemples simples vous permettront ensuite d'appliquer ces principes à vos propres arrangements.

L'importance des formes naturelles

EN CE QUI CONCERNE l'aspect général d'un arrangement, la forme des fleurs a autant d'importance que leur couleur. Observez bien les fleurs dont vous disposez. Les têtes sont-elles grandes ou petites, douces ou dures, duveteuses ou cireuses ? Les pétales sont-ils larges ou étroits, plats ou recourbés ? Les tiges sont-elles droites ou tordues, ramifiées ou simples ?

Déterminer ces critères vous aidera à décider si vous employez les fleurs seules ou si vous les accompagnerez d'autres éléments, aux formes contrastées. Certaines fleurs peuvent suggérer leur propre traitement. Les lis,

les tulipes, les jonquilles et les amaryllis, par exemple, grands et cireux, sont assez imposants pour se passer de fleurs d'accompagnement. Alors que c'est regroupées que les petites fleurs délicates comme le cerfeuil sauvage et les silènes sont le mieux mises en valeur.

Les fleurs à pétales multiples, tels les chrysanthèmes, les roses et les œillets, constituent séparément de magnifiques bouquets, mais elles conviennent également aux arrangements variés. Le mimosa, les boutons-d'or et les tulipes qui figurent sur ces pages ont été arrangés pour mettre en valeur au maximum leur forme naturelle.

Mimosa
(*Acacia dealbata*)

Brins duveteux de mimosa
À gauche : un traitement simple, sans ornement, suffit pour rehausser l'aspect doux et délicat du mimosa. Dans cet arrangement, les brins duveteux sont arrangés de manière lâche pour rappeler la forme naturelle que le mimosa prend sur l'arbre. Inutile d'y ajouter un élément supplémentaire.

Bouton-d'or
(*Ranunculus*)

Boutons-d'or délicats

À gauche : ces boutons-d'or aux fleurs
et aux tiges délicates sont rassemblées ici
d'une manière qui rappelle leur façon
de pousser dans la nature, et accentue
l'impact de leur couleur.

Feuille de tulipe (*Tulipa*)

Tulipe (*Tulipa*)

Lierre (*Hedera*)

Grandes tulipes cireuses

À gauche : les tulipes ont
une forme simple mais très
sculpturale, et leur couleur
est bien unie. Regroupées
avec toutes leurs fleurs
au même niveau, elles
constituent un arrangement
vif qui attire le regard.

Mettre vos fleurs en valeur

LES FLEURS sont généralement considérées comme le seul élément important d'un arrangement, en partie parce que les bouquets de fleuriste sont souvent présentés avec un feuillage d'accompagnement minimal ou quelques brins de fleurs blanches, comme du gypsophile ou de la saponaire. Mais, fréquemment, ajouter au bouquet un autre élément rehaussera l'éclat de vos fleurs et leur donnera ainsi plus d'attrait.

Le feuillage est le complément le plus important d'une composition florale. Seul, il produit un bel effet (voir pages 36-37), mais il peut également mettre en valeur les autres éléments d'un arrangement. Choisissez votre feuillage en fonction de sa couleur, de sa forme et de sa texture. Il peut être assorti aux fleurs, ou contraster, pour les étoffer. La composition florale fait appel à une large gamme de feuillages, depuis les herbes délicates jusqu'aux grandes feuilles aux formes architecturales. Les arbustes à petites feuilles, (spirée, troène et séneçon), offrent un aspect très fourni. Les feuilles linéaires, comme celles des graminées ou les frondes des capillaires, donnent une apparence plus aérienne au bouquet. Sur ces deux pages, un simple bouquet d'œillets sert d'élément central à cinq arrangements différents. Dans chaque cas, le feuillage et les fleurs d'accompagnement ne changent pas seulement les formes naturelles et le caractère de l'arrangement, mais ils participent également à l'effet général.

Saponaire blanche
(*Vaccaria hispanica*)

L'élément de base
Un simple bouquet d'œillets à têtes groupées (ci-dessous) manque d'impact, mais, en le combinant avec du feuillage ou quelques brins de fleurs blanches, comme la saponaire, vous le rendrez infiniment plus attrayant. Le résultat dépend de l'élément que vous ajoutez aux œillets et varie considérablement, comme vous pouvez le constater.

La délicate saponaire
À gauche : les délicates fleurs de saponaire éclairent l'arrangement, créant un effet doux. Leur finesse et leur légèreté contrastent avec la densité des œillets ; les couleurs s'harmonisent ; l'arrangement paraît ainsi moins sculptural.

Spirée
(Spirea)

Laurier d'Alexandrie
(Danäe racemosa)

Spirée duveteuse

À gauche : *divisées et recourbées, les feuilles de la spirée adoucissent l'arrangement en brisant le contour rigide que forment les œillets. Leur couleur, légèrement plus foncée que celle des œillets, crée un contraste plein de subtilité.*

Le sombre laurier d'Alexandrie

À gauche : *la forme de ce laurier est similaire à celle de la spirée, mais sa couleur sombre offre un contraste plus marqué avec la pâleur des œillets.*

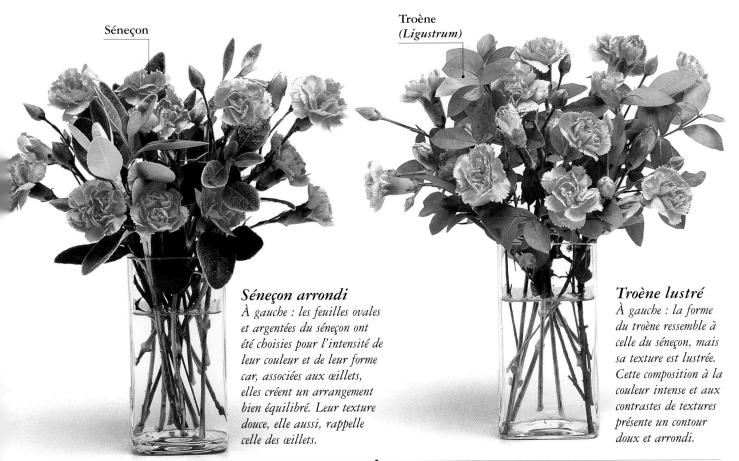

Séneçon

Troène
(Ligustrum)

Séneçon arrondi

À gauche : *les feuilles ovales et argentées du séneçon ont été choisies pour l'intensité de leur couleur et de leur forme car, associées aux œillets, elles créent un arrangement bien équilibré. Leur texture douce, elle aussi, rappelle celle des œillets.*

Troène lustré

À gauche : *la forme du troène ressemble à celle du séneçon, mais sa texture est lustrée. Cette composition à la couleur intense et aux contrastes de textures présente un contour doux et arrondi.*

Gros plan sur le feuillage

BIEN QU'IL SOIT LE PLUS SOUVENT UTILISÉ pour mettre les fleurs en valeur, le feuillage présente tous les attributs nécessaires – variété de couleurs, de formes et de textures – pour jouer l'élément central dans un arrangement. Les gammes de couleurs s'étalent du presque gris au jaune vif, bleu-vert et violet. La taille et la forme des feuilles sont également variées : elles peuvent être minuscules ou grandes et architecturales. Les textures, bien contrastées – mates, brillantes, en épi, lisses –, fournissent un éventail de choix étonnant. Avant de vous lancer dans la réalisation d'un arrangement, sélectionnez un mélange attrayant de couleurs, de formes et de textures qui associent clair et foncé, petit et grand et brillant et mat.

Si vous avez un jardin, vous disposerez d'une provision de feuillage toute l'année en cultivant à la fois des essences persistantes et à feuilles caduques.

Laurier-tin, *Euonymus* (particulièrement la forme panachée), séneçon, romarin, *Choisya ternata*, lierre et houx sont parmi les plus utiles des persistants. Pour des feuilles caduques, cultivez hostas, astrantias, aquilegias, *Alchemilla mollis* et oreille-de-chat. Des feuillages caducs et persistants, avec ou sans fleurs, sont utilisés dans les trois exemples illustrés, donnant des résultats très différents.

Herbe aux goutteux
(*Aegopodium*)

Viburnum opulus

Euphorbia polychroma

Verge d'or
(*Solidago*)

Feuille
d'ellébore
(*Helleborus*)

Du feuillage pour support

À gauche : dans cet arrangement aux formes doucement contrastées, la collerette de feuilles d'ellébore vert profond, autour du goulot du pichet, fournit une armature où s'insèrent les brins de verge d'or et les boules de viburnum.

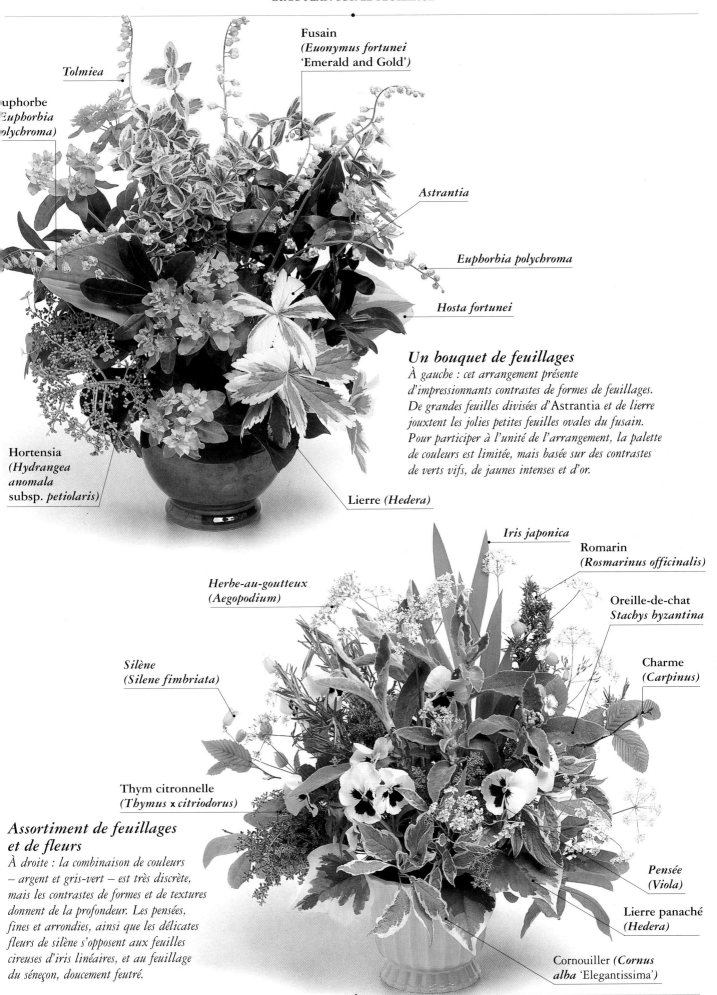

Tolmiea

uphorbe
*Euphorbia
olychroma)*

Fusain
(Euonymus fortunei
'Emerald and Gold')

Astrantia

Euphorbia polychroma

Hosta fortunei

Un bouquet de feuillages

*À gauche : cet arrangement présente
d'impressionnants contrastes de formes de feuillages.
De grandes feuilles divisées d'Astrantia et de lierre
jouxtent les jolies petites feuilles ovales du fusain.
Pour participer à l'unité de l'arrangement, la palette
de couleurs est limitée, mais basée sur des contrastes
de verts vifs, de jaunes intenses et d'or.*

**Hortensia
(Hydrangea
anomala
subsp. petiolaris)**

Lierre (Hedera)

Iris japonica

**Romarin
(Rosmarinus officinalis)**

**Herbe-au-goutteux
(Aegopodium)**

**Oreille-de-chat
Stachys byzantina**

**Silène
(Silene fimbriata)**

**Charme
(Carpinus)**

**Thym citronnelle
(Thymus x citriodorus)**

Assortiment de feuillages
et de fleurs

*À droite : la combinaison de couleurs
– argent et gris-vert – est très discrète,
mais les contrastes de formes et de textures
donnent de la profondeur. Les pensées,
fines et arrondies, ainsi que les délicates
fleurs de silène s'opposent aux feuilles
cireuses d'iris linéaires, et au feuillage
du séneçon, doucement feutré.*

**Pensée
(Viola)**

**Lierre panaché
(Hedera)**

**Cornouiller (Cornus
alba 'Elegantissima')**

La forme du contenant

Q UE VOUS CHOISISSIEZ d'abord les fleurs ou le contenant, réalisez toujours vos arrangements à partir d'éléments qui se complètent. Un énorme pot contenant très peu de tiges, ou un vase petit ou trapu garni de fleurs minuscules sont tout aussi inesthétiques.

La clé réside dans la proportion. Il n'existe pas de règle absolue. Il est simplement recommandé, pour les compositions de grande taille, que le vase fasse un tiers de la hauteur totale de l'arrangement.

Mais, en réalité, il faut apprécier chaque composition selon ses qualités propres. Ces deux pages montrent comment utiliser au mieux différentes formes et tailles de contenants pour mettre en valeur une simple botte de chrysanthèmes. Dans chaque cas, la forme du contenant a conditionné celle de l'arrangement, et les fleurs ont été préparées en conséquence : le premier arrangement, haut et gracieux, contient quelques fleurs à tiges longues ; pour le deuxième, petit et bas, on a taillé légèrement les tiges pour les adapter à la hauteur du contenant ; enfin, dans le dernier – bas et en forme de dôme –, les fleurs ont été regroupées en un bloc compact.

Tout cela pour vous montrer que vous pouvez créer des effets radicalement différents à partir des mêmes fleurs.

Rameaux de chrysanthèmes
(*Chrysanthemum*)

Eucalyptus

Contenants hauts : longues tiges
À gauche : les contenants hauts et étroits conviennent parfaitement aux petites bottes de fleurs à longues tiges, qu'ils soutiennent au niveau du col, empêchant ainsi les fleurs de se tourner sur le côté. Voyez ci-contre (en bas) ce que vous pourrez réaliser quand les feuilles auront jauni et que vous devrez raccourcir les tiges.

Rameaux de
chrysanthèmes
(*Chrysanthemum*)

Contenant large : plus de fleurs

*À gauche : pour garnir un contenant large,
prenez un plus grand nombre de fleurs et
massez-les au niveau du col. Vous
obtiendrez encore plus d'effet en coupant
toutes les tiges à la même longueur de façon
à concentrer la couleur sur un seul niveau.*

Rameaux de
chrysanthèmes
(*Chrysanthemum*)

Eucalyptus

Coupe basse : tiges courtes

*À gauche : pour éviter que votre
arrangement paraisse lourd dans un
bol peu profond, coupez les tiges au
plus court. Ici, les têtes des fleurs
dépassent tout juste le bord.
Légèrement plus longues, les tiges
centrales forment un dôme
attrayant. Un arrangement bas
permet de rajeunir un bouquet un
peu passé : coupez les feuilles jaunies
et raccourcissez un peu les tiges.*

Idées de saison pour petit contenant

U N DES DÉFIS rencontrés par tout amoureux d'une maison bien fleurie est de trouver tout au long de l'année des éléments frais appropriés à la composition florale. L'astuce consiste à tirer avantage de tout ce qui est disponible au fil des saisons. Vous créerez autant d'effet avec un petit bouquet de premiers perce-neige du printemps, par exemple, qu'avec un arrangement élaboré de plates-bandes de fleurs d'été. Choisissez les ingrédients au mieux de leur floraison, puis disposez-les de la façon la plus avantageuse.

Pour faire des économies, n'achetez pas vos fleurs et feuillages chez le fleuriste ; cultivez-les plutôt dans votre jardin. Vous pouvez remplacer les fleurs de printemps et d'été par des baies et des herbes en automne, et par des brindilles, de la mousse et des éléments persistants en hiver. Vous obtiendrez des résultats satisfaisants même avec la plus simple collection de feuilles et de baies si vous choisissez soigneusement formes, textures et couleurs. Le feuillage persistant est toujours utile, à la fois pour réaliser une collerette de verdure autour du bord d'un contenant et comme support dans lequel insérer les tiges.

Assortissez votre choix de fleurs et leur traitement à la forme et à la taille du contenant (voir pages 38-39). Même si vous disposez d'un nombre limité de récipients, vous pouvez réaliser des arrangements intéressants toute l'année. Ici, le même petit panier rond en osier a été utilisé pour quatre compositions différentes ; seul le contenu a changé, selon la saison.

Arrangement estival

À droite : les plates-bandes d'été fournissent quantité de fleurs aux couleurs douces de tailles et de formes variées. Dans ce petit panier, différentes couleurs, formes et textures créent un effet de « tapisserie », et les couleurs s'harmonisent parfaitement entre elles.

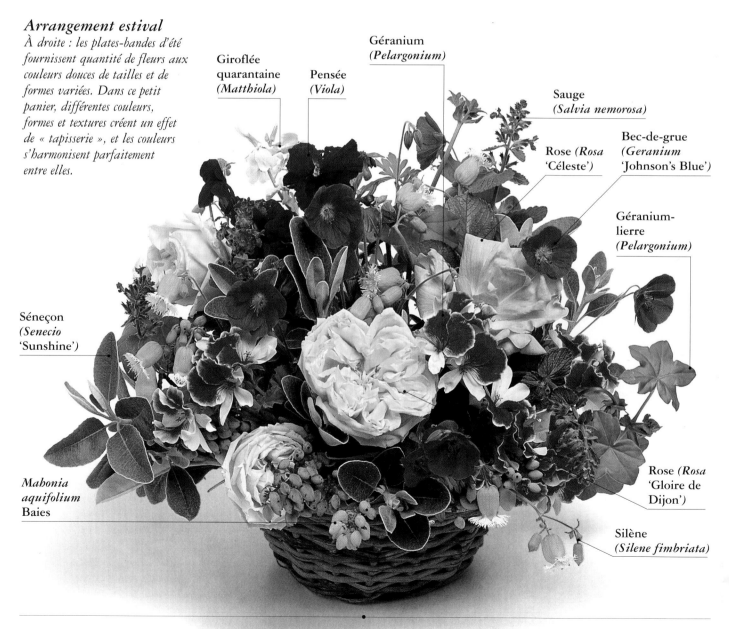

Giroflée quarantaine **(Matthiola)**

Pensée **(Viola)**

Géranium **(Pelargonium)**

Sauge **(Salvia nemorosa)**

Rose **(Rosa 'Céleste')**

Bec-de-grue **(Geranium 'Johnson's Blue')**

Géranium-lierre **(Pelargonium)**

Séneçon **(Senecio 'Sunshine')**

Mahonia aquifolium Baies

Rose **(Rosa 'Gloire de Dijon')**

Silène **(Silene fimbriata)**

Primevère (*Primula*)

Arrangement printanier

À gauche : il est difficile de trouver des fleurs colorées au jardin en début d'année, mais les primevères constituent un excellent choix pour réaliser un petit arrangement dans un panier. Un peu de mousse autour du bord suffira pour mettre en valeur la masse compacte de fleurs et de feuilles. Vous pourriez utiliser des plantes en pots de la même façon.

Brindille d'aulne (*Alnus*)

Amour-en-cage (*Physalis*)

Pyracantha coccinea

Arrangement automnal

À droite : la couleur rouge orangé brillant des baies de pyracantha et d'un amour-en-cage constitue tout l'intérêt de cet arrangement, dans lequel texture et couleur jouent un rôle important. Ici, la couleur des baies est accentuée par celle, vert foncé, des feuilles de lierre. L'aspect lisse des feuilles et des baies contraste fortement avec les brindilles d'aulne et les cônes.

Cône d'aulne (*Alnus*)

Baies de lierre (*Hedera*)

Feuille de lierre (*Hedera*)

Cyprès de Lawson (*Chamaecyparis lawsoniana*)

Protea

Chamaedaphné (*Chamaedaphne calyculata*)

Mélèze (*Larix*)

Pittosporum

Arrangement hivernal

À gauche : même avec peu de couleur, vous réaliserez un arrangement intéressant avec du feuillage du jardin et les baies que les oiseaux vous auront laissées. Ici, des feuilles persistantes de diverses textures — mélèze plumeté, lierre cireux, Pittosporum arrondi — contrastent avec les baies rondes et mates de Melaleuca. L'harmonie des couleurs — vert, mauve et argenté — unifie l'arrangement.

aies et feuilles e lierre *Hedera*)

Melaleuca

Idées de saison pour grand contenant

IEN NE VOUS OBLIGE à amasser quantité de fleurs ou de grandes branches fleuries sous prétexte que le contenant dont vous disposez est très grand. La clé du succès consiste à assortir le contenant à la forme naturelle et au style des fleurs (voir pages 32-33). Un grand vase fin convient parfaitement pour un arrangement haut et étroit de fleurs à longues tiges, comme les lis ; tandis que pour mettre en valeur des fleurs à tiges plutôt courtes, comme des hortensias, il est préférable d'utiliser un bol profond.

Mais un grand contenant en impose déjà par lui-même. Il peut même paraître plus important de déterminer à l'avance dans quel endroit vous placerez votre arrangement afin de vous assurer que dimensions, forme et couleurs s'y intégreront harmonieusement.

Ces deux pages proposent deux compositions de styles diamétralement opposés, destinés à des cadres bien différents. L'un a été confectionné dans un grand pichet et sa bassine, l'autre dans une large soupière. L'arrangement printanier du pichet est clair et aérien grâce à ses fleurs sauvages délicates et recourbées qui, tels de petits nuages, donnent un effet étonnamment vaporeux dans un grand contenant de forme trapue.

Cette composition est parfaite pour un cadre sobre et champêtre. À l'opposé, la soupière d'été, dans laquelle les tiges de la moitié inférieure ont été raccourcies tandis que celles de la moitié supérieure – delphiniums, antirrhinums et lisianthus – sont restées intactes, est plus remplie et plus dense. Ce style est plus adapté à une salle à manger ou à un salon plus classique.

Cerfeuil sauvage
(Anthriscus sylvestris)

Herbe sauvage

Pigamon
(Thalictrum)

Silène rouge
(Silene dioica)

Silène
(Silene fimbriata)

Bouton-d'or
(Ranunculus)

Buglosse verte
(Pentaglottis sempervirens)

Magnolia (Magnolia liliiflora 'Nigra')

Arrangement printanier
À gauche : ces fleurs sauvages sont arrangées de manière naturelle dans un pichet de faïence, sans aucun support, de façon à donner à l'ensemble une impression « fouillis ». Les grandes herbes apportent une certaine structure à l'arrangement en ponctuant le contour de leurs petits épis.

Giroflée
(*Matthiola*)

Pied d'alouette
(*Delphinium*)

Lisianthus
(*Eustoma
grandiflorum*)

Heliconia

Gueule-de-loup
(*Antirrhinum*)

Gerbera

Arrangement estival
*Ci-dessous : voici une composition plus complexe,
dont les couleurs et la forme s'équilibrent pour
créer une apparence classique. Limitez la palette
des couleurs lorsque vous disposez d'un grand
nombre de fleurs différentes ; vous donnerez
ainsi de la profondeur à votre arrangement.*

*Trachelium
caeruleum*

Pivoine
(*Paeonia*)

Ail
(*Allium
aflatunense*)

Rose
(*Rosa*)

*Euonymus
fortunei*
'Emerald
and Gold'

Lis
(*Lilium*)

Hosta

Lis
(*Lilium speciosum*)

Cornouiller
(*Cornus alba*
'Elegantissima')

La forme

LA FORME est l'un des aspects essentiels de l'arrangement floral, car en structurant l'ensemble elle produit un effet capital sur l'impression générale. Il existe deux formes de base : l'arrangement de face (ou en forme d'éventail), réalisé pour être vu principalement de devant, et l'arrangement rond, destiné à être vu de tous les côtés. Trois exemples, utilisant des matériaux disponibles selon la saison, vous montrent comment réaliser ces compositions. Ce chapitre décrit également les différentes formes de fleurs et de feuilles et vous explique comment les combiner et ajouter ainsi une qualité sculpturale à vos arrangements.

Formes de fleurs et de feuilles

LES DIFFÉRENTES FORMES DE FLEURS ET DE FEUILLES prennent une part importante dans la réussite d'un arrangement floral, et leur combinaison permet de réaliser des compositions aussi attrayantes qu'originales. Grâce aux exemples de fleurs et de feuilles variées présentés dans ces deux pages, vous pourrez déterminer le rôle qu'elles joueront dans vos arrangements.

Fleurs douces et soyeuses

À droite : les formes douces et diffuses de ces fleurs individuelles mêlées à des fleurs aux formes plus nettes peuvent créer un joli contraste.

Lila
(Syringa)

Ail
(Allium aflatunense)

Viorne obier
(Viburnum opulus)

Géranium
(Pelargonium)

Lisianthus
(Eustoma grandiflorum)

Iris de Hollande
(Iris)

Grands pétales cireux

À droite : les grandes fleurs cireuses, bien dessinées, donnent de la vigueur aux arrangements.

Lis
(Lilium)

Lavande
(Lavandula angustifolia 'Hidcote')

Rose
(Rosa 'New Dawn')

Fleurs contrastées

À droite : la combinaison des pétales doux et soyeux d'une rose avec de petits épis rudes de lavande offre un contraste de forme et de texture intéressant.

Forme sans fleurs

À droite : les baies et les têtes en graines contribuent aussi à former un arrangement, surtout en automne et en hiver, quand les fleurs peuvent manquer.

Jacinthe en grappe (Muscari)

Fatsia japonica

Monnaie-du-pape (Lunaria annua)

Clématite
(Clematis)

Mahonia

Hosta

Feuilles ovales

À gauche : bien que chaque feuille séparée soit ovale, la forme globale des minces feuilles de spirée contraste avec celle des grandes feuilles d'hosta et avec celles des feuilles de sauge, de taille moyenne.

Iris

Fougère ruban (*Pteris cretica*)

Feuilles pointues

À gauche : les feuilles linéaires de l'iris ainsi que les frondes effilées du ptéris soulignent le contraste avec l'ovale pointu de la feuille d'hosta.

Hosta

Spirée (*Spiraea*)

Sauge officinale (*Salvia officinalis*)

Forme similaire, contraste de couleurs

À droite : toutes ces feuilles ont une forme similaire, elles sont dentées et divisées. La capillaire ressort sur les grandes feuilles d'ellébore, vert foncé, et l'ovale d'une feuille de germandrée.

Capillaire (*Adiantum*)

Contraste de formes, couleur similaire

À droite : les formes sont contrastées, mais le ton et la couleur similaires des feuilles de buis lustré, de lierre marbré, de pigamon et les feuilles divisées d'astrantia donnent une unité.

Astrantia

Ellébore (*Helleborus* x *hybridus*)

Buis commun (*Buxus sempervirens*)

Lierre (*Hedera*)

Germandrée (*Teucrium fruticans*)

Pigamon (*Thalictrum*)

Les arrangements ronds

UN ARRANGEMENT DESTINÉ À TRÔNER au centre – d'une pièce ou d'une table, par exemple – doit être confectionné en rond, de manière à ce qu'il soit joli de toutes parts. Le but est toujours le même, qu'il s'agisse d'un bouquet bas ou d'une forme en dôme plus volumineuse : maintenir un équilibre de fleurs et de feuillage tout autour sans laisser voir de trous.

Les arrangements centraux les plus réussis sont à peu près symétriques, mais pas uniformément ronds. Utilisez un plateau tournant pour obtenir une bonne vue d'en-semble pendant que vous travaillez. Une fois la forme de base établie, installez l'arrangement sur son lieu d'expo-sition et regardez-le de différents points stratégiques, comme si vous étiez un éventuel observateur. Par exemple, si vous avez réalisé un centre de table pour un dîner, asseyez-vous à chaque place et vérifiez que les côtés et la base de l'arrangement, autant que le sommet, soient bien garnis, sans trou visible. Ces deux pages démontrent que la composition et la proportion sont plus impor-tantes que la symétrie, grâce au même arrangement rond, étudié de différents points de vue.

Vue de face

À droite : la forme générale est arrondie et légèrement asymétrique. Les bords extérieurs sont atténués par les brins duveteux du feuillage d'aneth, qui contrastent avec les fleurs d'amaryllis, cireuses et sculpturales. Un collier de feuillage de séneçon atténue la rigidité du contour du col du contenant.

Aneth
(Anethum graveolens)

Amaryllis
(Hippeastrum)

Viorne obier
(Viburnum opulus)

Tulipe
(Tulipa)

Leptospermum

Rose
(Rosa)

Séneçon
(Senecio laxifolius)

Vue de côté

À gauche : de côté, l'arrangement paraît plus étroit et plus haut que de face, mais il conserve un bon équilibre entre la forme du feuillage et celle des fleurs. Notez que la tête de chaque fleur est à égale distance du contenant sur tous les côtés, pour que l'arrangement ne paraisse pas disproportionné.

Vue de dessus

À droite : la vue de dessus est primordiale dans les arrangements ronds. Cette réalisation – un mélange harmonieux de fleurs et de feuillage dans des tons subtilement contrastés de rouge, rose, vert et blanc – paraît presque parfaitement ronde, chaque fleur étant placée sous son meilleur jour.

Présentation de face

CET ARRANGEMENT TRIANGULAIRE, connu des fleuristes comme présentation « de face » ou « en éventail », peut être placé contre une toile de fond, comme un mur. Contrairement à un arrangement rond, exposé de tous les côtés, un arrangement de face doit se voir surtout de devant. La forme peut varier d'un éventail très large à un éventail haut et étroit, mais dans tous les cas, vous devez garder à l'esprit le point suivant : commencez par préparer l'os-

sature (le plus souvent avec du feuillage), puis remplissez ce cadre avec des fleurs et autres éléments. Un arrangement de face n'a pas besoin d'être recouvert également sur tous les côtés (le dos n'en est jamais visible) et demande donc moins de tiges qu'un arrangement rond. Mais n'oubliez pas qu'il peut être éventuellement vu sur les côtés ; assurez-vous donc que ceux-ci soient bien équilibrés. Voici trois vues d'un arrangement de face pour illustrer l'assemblage.

Vue de devant

À droite : la forme en éventail est nette, bien que le contour soit légèrement arrondi et rehaussé par un feuillage délicat retombant autour des bords et de la base. Les longues tiges de verge d'or et de giroflées, mêlées au feuillage de fusain panaché, constituent la structure de l'éventail, tandis que les freesias jaunes et les gerberas blancs étoffent l'arrangement.

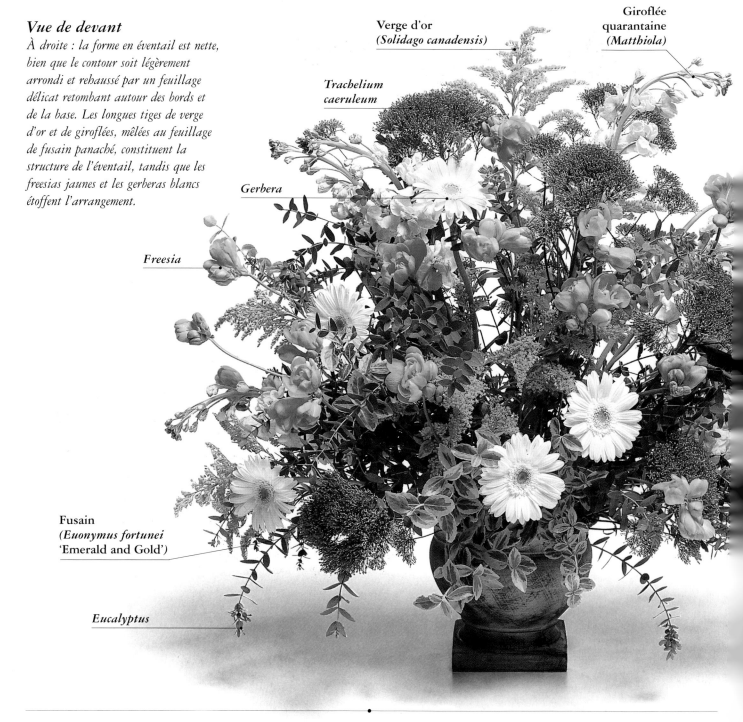

Giroflée quarantaine *(Matthiola)*

Verge d'or *(Solidago canadensis)*

Trachelium caeruleum

Gerbera

Freesia

Fusain *(Euonymus fortunei 'Emerald and Gold')*

Eucalyptus

Vue du côté gauche

À gauche : cette vue de côté montre l'ossature, faite de couches de fusain, de verges d'or et de giroflées. De ce côté, la couleur dominante est celle des freesias dorés.

Vue du côté droit

À droite : il n'est pas indispensable que les deux côtés d'un arrangement de face soient assortis, car ils ne seront jamais vus en même temps. La position de face du gerbera blanc au sommet de ce côté droit ainsi que les tiges de freesias dorés au-dessous forment une autre composition à l'intérieur de l'arrangement principal.

Rond et bas :
coupe d'ellébores printanière

MATÉRIEL

Mousse naturelle

Coupe ou assiette creuse en céramique peu profonde

8 à 10 feuilles de laitue
(*Lactuca sativa* 'Lollo Rosso')

8 à 10 feuilles
d'*Heuchera* 'Palace Purple'

15 à 20 fleurs et feuilles
d'ellébore (*Helleborus* x *hybridus*)

CE STYLE D'ARRANGEMENT ROND ET BAS convient particulièrement à une table basse, où il peut être admiré de dessus. Les fleurs en forme de coupe, comme les ellébores et les anémones, sont tout indiquées, car elles rappellent la silhouette du contenant. Pour réaliser cette composition, vous n'avez besoin que d'un nombre limité de fleurs et de quelques feuilles faisant contraste. Le regroupement de fleurs identiques attire l'attention sur la beauté de chacune d'elles, et l'utilisation d'une seule couleur donne à l'arrangement beaucoup d'attrait. Un contenant rond et peu profond convient à des fleurs aux tiges fragiles ou tombantes, car il vous permet de faire bon usage des têtes de fleurs seules. Dans une composition plus haute, les fleurs aux têtes naturellement retombantes, comme les anémones, les fritillaires, les fleurs de chardon ou les ellébores, n'exposeraient au regard que leurs faces retournées.

À droite : il n'est pas nécessaire que cet arrangement, destiné à être vu de dessus, soit très haut. En fait, les fleurs débordent un tout petit peu du récipient. Ce style d'arrangement bas est plus attrayant quand chaque tête de fleur est bien visible.

Laitue
(*Lactuca sativa* 'Lollo Rosso')

Heuchera 'Palace Purple'

Feuille d'ellébore
(*Helleborus* x *hybridus*)

Mousse
naturelle

Fleur d'ellébore
(*Helleborus* x *hybridus*)

Réalisation de l'arrangement

Voir aussi : L'importance des formes naturelles (pp. 32-33) ; Formes de fleurs et de feuilles (pp. 46-47) ; Les arrangements ronds (pp. 48-49) ; Les mauves et les bleus (pp. 72-73).

1 *Disposez une bande de mousse naturelle d'environ 5 cm de large autour du bord du plateau. Laissez la mousse déborder légèrement pour dissimuler le plateau.*

2 *Au milieu du plateau, placez une coupe d'un diamètre inférieur d'environ 3 cm et remplissez-la d'eau fraîche.*

3 *Disposez 8 à 10 feuilles de laitue dans la coupe, les tiges au centre. Comblez les vides avec des feuilles d'heuchera, de façon à former un collier.*

4 *Coupez les tiges d'ellébore à environ 1 cm. Répartissez les têtes des fleurs dans le récipient. Ajoutez quelques feuilles au centre pour donner une touche de vert.*

5 *Quand le centre du plat est rempli de fleurs, vérifiez l'aspect général. Assurez-vous que les têtes ne se chevauchent pas ; au besoin, rectifiez légèrement l'arrangement.*

VARIANTE

Composez des variantes suivant le même principe que pour la coupe d'ellébores printanière en insérant fleurs et feuillage dans un lit de mousse naturelle. Orchidées, lierre et heucheras sont utilisés dans cet arrangement. Certes, les orchidées sont chères, mais vous prélèverez jusqu'à cinq têtes – ce dont vous avez besoin pour ce projet – sur une même tige. Vous pouvez également employer des brins de grandes fleurs qui commencent à s'abîmer – des glaïeuls, par exemple – en conservant les fleurs encore fraîches et en vous débarrassant du reste.

Heuchera 'Palace Purple'

Orchidée
(Cymbidium)

Lierre panaché
(Hedera)

Rond et en dôme : centre de table automnal

U N ARRANGEMENT ROND ET EN DÔME constitue un centre de table parfait pour un dîner car il peut être admiré de tous les côtés, et sans faire obstacle à la vue puisqu'il est suffisamment bas. Pour être équilibrée, la composition doit être deux fois plus large que haute. En posant l'arrangement sur un support, comme ici, l'effet sera saisissant. Travaillez sur un plateau pivotant de manière à vérifier comment il se présente sur tous les côtés. Ne recherchez pas impérativement la symétrie : ici, la grappe déborde du support, brisant ainsi la rigidité du contour.

La base est réalisée avec de grandes feuilles de bégonia et de bergenia. Les fleurs – des lis et des nérines cireux à l'aspect exotique – sont ajoutées pour apporter un élément très sculptural. Enfin, les fruits frais, dont les formes doucement arrondies rappellent celles de l'arrangement, sont empilés autour de la base pour créer un modelé bien rond.

À droite : cet arrangement est destiné à être vu de tous côtés. Faites-le tourner pour être sûr qu'il est bien régulier et qu'il n'y a pas de trous visibles. Gardez les proportions à l'esprit pendant que vous travaillez, et veillez à ce qu'il ne soit pas trop haut.

MATÉRIEL

Un petit bloc de mousse synthétique mouillable
Un pique-mousse
Un rouleau de gutta-percha
Un plat à gâteau de 23 cm de diamètre

Begonia

Bergenia

Grappe de muscat

Fraise

Petite pomme

Grosse pomme

Litchi

Lis (*Lilium* 'Journey's End')

Nérine (*Nerine bowdenii*)

Réalisation de l'arrangement

Voir aussi : L'importance des formes naturelles (pp. 32-33) ; Gros plan sur le feuillage (pp. 36-37) ;
Formes de fleurs et de feuilles (pp. 46-47) ; Les arrangements ronds (pp. 48-49).

1 *Trempez le bloc de mousse synthétique dans l'eau (voir page 20).*
Fixez le pique-mousse au centre du plat avec du ruban adhésif.
Appuyez le bloc sur les dents du pique-mousse pour bien le fixer.

2 *Pour réaliser l'armature de base, insérez les feuilles de bergenia*
de manière à former un triangle. Piquez une feuille sur le bloc
de mousse synthétique, et une autre au milieu de chaque petit côté.

3 *Disposez la grappe de muscat sur l'un des côtés, de sorte qu'elle*
déborde du plat. Piquez les feuilles de bégonia entre les feuilles
de bergenia, en conservant une forme générale arrondie.

4 *Placez les lis contre l'arrangement pour déterminer leur*
emplacement, et coupez les tiges en conséquence. Piquez-les sur le
dessus et les côtés du bloc de mousse en formant une sorte d'arche.

VARIANTE

Pour réaliser une variante fraîche et estivale, utilisez des fleurs et des fruits
de saison dans des tons vert et or, qui attireront le regard.

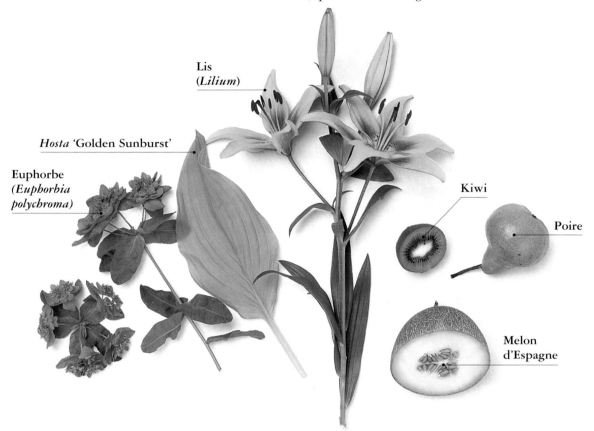

Lis
(*Lilium*)

Hosta 'Golden Sunburst'

Euphorbe
(*Euphorbia*
polychroma)

Kiwi

Poire

Melon
d'Espagne

5 *Comblez les trous éventuels avec les nérines. Répartissez les fruits en les mêlant de manière attrayante autour de la base du plat, sous les feuilles de bergenia et de bégonia.*

6 *Tournez l'arrangement pour vérifier sa forme générale, en vous assurant qu'il n'y a pas de trous. Ajoutez des fleurs ou des feuilles où cela est nécessaire, pour équilibrer la forme.*

Présentation de face :
dessus de cheminée hivernal

MATÉRIEL

2 pique-mousse
Un plateau pour mousse synthétique
De la gutta-percha
Un pain de mousse synthétique mouillable
Du ruban de fleuriste
6 à 8 grandes tiges feuillues de *Magnolia grandiflora*
15 à 20 tiges de cornouiller (*Cornus*)
6 à 8 grands brins de houx panaché (*Ilex*)
4 ou 5 grandes tiges feuillues de *Mahonia*
12 roses rouges (*Rosa* 'Nicole', par exemple)
6 à 8 orchidées

L ES ARRANGEMENTS DE FACE ont généralement peu de profondeur. Ils conviennent donc parfaitement pour garnir une étagère étroite ou un dessus de cheminée. Le feuillage fournit l'armature de cet arrangement. Il est ensuite étoffé avec des fleurs de couleurs vives. Le cornouiller et les orchidées, placés à l'arrière et sur les côtés, adoucissent la rigidité du contour. Ici, plusieurs textures apparaissent : les roses aux pétales doux contrastent avec les feuilles de houx dentelées, et le feuillage lustré et lisse du magnolia compense la rugosité des tiges de cornouiller. La plupart de ces composants durent longtemps, mais si les fleurs venaient à se flétrir avant le feuillage, vous les remplaceriez par des fleurs similaires.

Pour réaliser une forme en éventail plus allongée (pour le haut d'un buffet ou d'un placard), abaissez la hauteur de la partie centrale et augmentez la longueur des tiges des côtés, l'arrangement devant être approximativement trois fois plus large que haut.

À droite : cet arrangement étant destiné à être vu de face, vous n'avez donc pas à vous inquiéter des côtés et du dos. Atténuez le contour avec des tiges de cornouiller pour éviter que la forme générale de l'éventail ne soit trop rigide.

Rose
(*Rosa* 'Nicole')

Orchidée

Cornouiller
(*Cornus*)

Magnolia grandiflora

Mahonia

Houx panaché
(*Ilex*)

Réalisation du support

Faites tremper le bloc de mousse synthétique dans l'eau pendant 1 heure. Puis attachez solidement la mousse synthétique au plateau pour constituer un support stable pour les fleurs.

1 *Fixez les pique-mousse sur le plateau avec la gutta-percha. Cela fournira un support ferme à la mousse synthétique dans laquelle les tiges des fleurs seront ensuite enfoncées.*

2 *Mettez le bloc de mousse sur le plateau, en l'enfonçant sur les pointes des pique-mousse. Liez fermement ensemble le plateau et le bloc de mousse avec de la gutta-percha.*

Réalisation de l'arrangement

Voir aussi : Les supports (pp. 20-21) ; Comment préparer les fleurs (pp. 24-25) ; Gros plan sur le feuillage (pp. 36-37) ; Présentation de face (pp. 50-51).

1 *Piquez une tige de magnolia au centre du bloc et deux autres sur les côtés. Coupez les tiges de cornouiller au double de la longueur de celles de magnolia. Placez-les en éventail vers l'arrière.*

2 *Coupez le houx à la même longueur que le magnolia et insérez-le au sommet et sur les côtés de la mousse synthétique. Piquez quelques tiges de houx plus petites sur le devant.*

VARIANTE

Pour réaliser une variante estivale de l'arrangement pour dessus de cheminée, remplacez les roses et les orchidées par des lis, des lisianthus, des asters et des silènes ; les feuilles de magnolia par des feuilles d'hosta ; et le feuillage persistant par des euphorbes, des cotinus et du cornouiller.

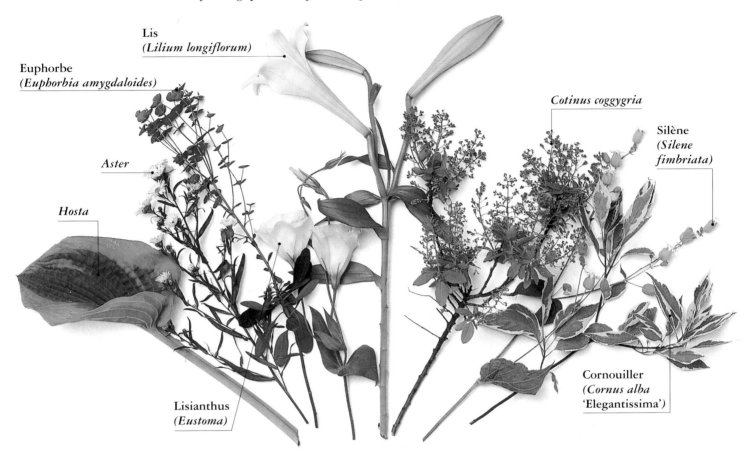

Lis
(Lilium longiflorum)

Euphorbe
(Euphorbia amygdaloides)

Cotinus coggygria

Silène
(Silene fimbriata)

Aster

Hosta

Cornouiller
(Cornus alba 'Elegantissima')

Lisianthus
(Eustoma)

3 *Ajoutez les feuilles de mahonia, en les répartissant en éventail au centre et sur les côtés. Insérez des tiges de mahonia plus courtes à la base, pour adoucir le côté le plus bas.*

4 *Coupez les roses et les orchidées à peu près à la même longueur. Placez-les au centre et sur les côtés de l'arrangement, en répartissant les couleurs de la même manière de chaque côté.*

La couleur

DE TOUS LES ATTRIBUTS des fleurs et
du feuillage, c'est la couleur qui attire
le plus l'attention et produit un effet
immédiat. Les fleurs de couleur foncée
estompent, les couleurs claires soulignent,
et les étendues de couleur intense,
ou au contraire de couleur très claire,
créent un point central attrayant.
Ce chapitre donne quelques principes
utiles sur la théorie des couleurs, et
montre comment réaliser des
combinaisons de couleurs intéressantes
et spectaculaires. Il inclut un guide
des fleurs, classées par couleurs, pour
vous permettre de choisir les éléments
de vos arrangements.

Les blancs et les verts

LES COULEURS DE FLEURS ET DE FEUILLES les plus discrètes sont le blanc et le vert.
Elles peuvent être utilisées pour éclairer d'autres éléments d'une plus grande
intensité. Employées seules, sans l'ajout d'autres couleurs, elles permettent de créer
des motifs saisissants, presque monochromes. Voici un choix de fleurs et de feuilles
blanches et vertes fréquemment utilisées dans l'arrangement floral.

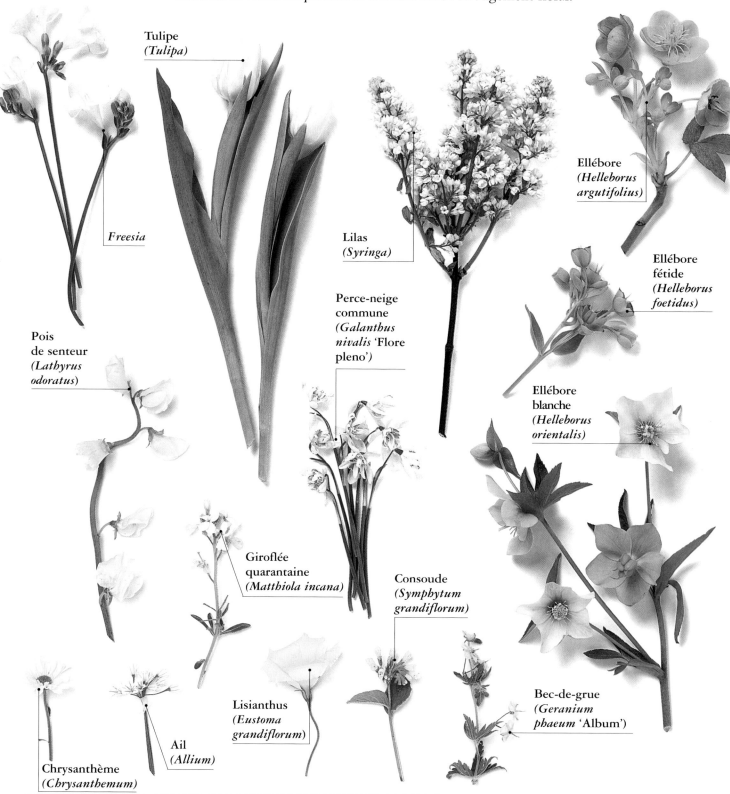

Tulipe
(Tulipa)

Freesia

Lilas
(Syringa)

Ellébore
*(Helleborus
argutifolius)*

Ellébore
fétide
*(Helleborus
foetidus)*

Perce-neige
commune
*(Galanthus
nivalis* 'Flore
pleno')

Ellébore
blanche
*(Helleborus
orientalis)*

Pois
de senteur
*(Lathyrus
odoratus)*

Giroflée
quarantaine
(Matthiola incana)

Consoude
*(Symphytum
grandiflorum)*

Bec-de-grue
*(Geranium
phaeum* 'Album')

Lisianthus
*(Eustoma
grandiflorum)*

Ail
(Allium)

Chrysanthème
(Chrysanthemum)

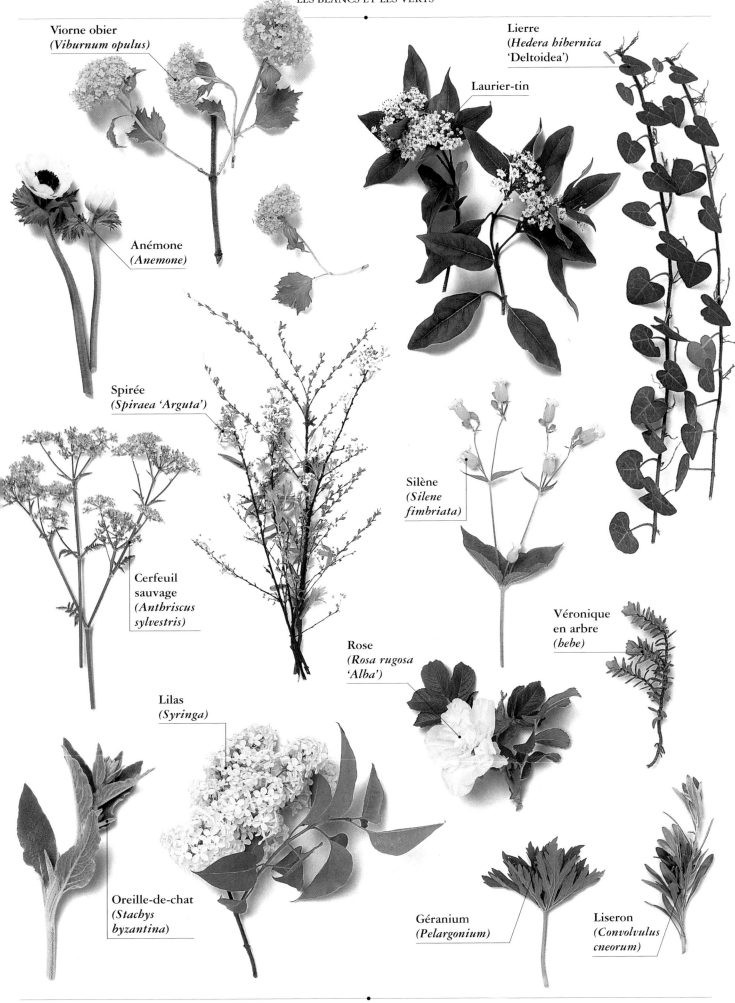

Viorne obier
(*Viburnum opulus*)

Lierre
(*Hedera hibernica*
'Deltoidea')

Laurier-tin

Anémone
(*Anemone*)

Spirée
(*Spiraea 'Arguta'*)

Silène
(*Silene
fimbriata*)

Cerfeuil
sauvage
(*Anthriscus
sylvestris*)

Véronique
en arbre
(*hebe*)

Rose
(*Rosa rugosa
'Alba'*)

Lilas
(*Syringa*)

Oreille-de-chat
(*Stachys
byzantina*)

Géranium
(*Pelargonium*)

Liseron
(*Convolvulus
cneorum*)

Les jaunes et les oranges

LES JAUNES ET LES ORANGES se situent à l'extrémité chaude du spectre des couleurs. Ils s'assortissent bien avec les bleus, et conviennent aussi pour créer de forts contrastes de couleurs. Mais si vous préférez un motif qui s'harmonise avec douceur, incorporez une seule couleur chaude – par exemple une fleur jaune, mêlée à des blancs et des verts de même tonalité ou de tons différents. Vous trouverez ci-après une liste de fleurs classiques jaunes et orange utilisées dans l'arrangement floral.

Renoncule des jardins

Narcisse (*Narcissus* 'February Gold')

Matricaire (*Chrysanthemum parthenium*)

Rose (*Rosa* 'Maigold')

Narcisse à bouquet (*Narcissus tazetta*)

Narcisse (*Narcissus* 'Tête-à-Tête')

Primevère (*Primula*)

Alchémille (*Alchemilla mollis*)

Cornouiller blanc (*Cornus alba* 'Spaethii')

Fusain (*Euonymus fortunei* 'Emerald and Gold')

Giroflée quarantaine (*Matthiola*)

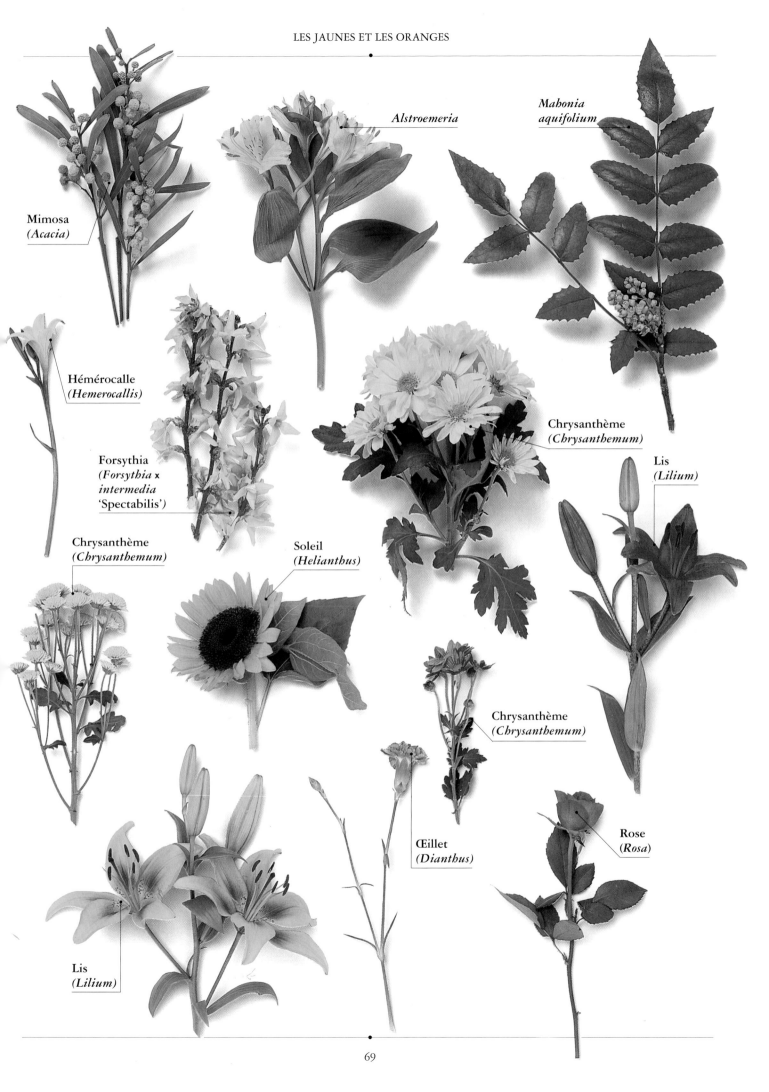

Mimosa
(Acacia)

Alstroemeria

*Mahonia
aquifolium*

Hémérocalle
(Hemerocallis)

Forsythia
(Forsythia x
intermedia
'Spectabilis')

Chrysanthème
(Chrysanthemum)

Lis
(Lilium)

Chrysanthème
(Chrysanthemum)

Soleil
(Helianthus)

Chrysanthème
(Chrysanthemum)

Œillet
(Dianthus)

Rose
(Rosa)

Lis
(Lilium)

Les rouges et les roses

LES ROUGES ET LES ROSES apparaissent sur la partie la plus chaude du spectre. Ceux qui contiennent un peu de bleu s'harmonisent bien avec les fleurs bleues et mauves. Ceux qui contiennent du jaune s'accordent bien avec les fleurs jaunes. Les combinaisons de roses teintés de bleu, de mauve et de blanc sont aussi attractives que les combinaisons plus vives de rouges, bleus et pourpres. Voici quelques fleurs rouges et roses que l'on remarque souvent dans l'arrangement floral.

Orchidée

Alstroemeria

Skimmia japonica

Pois de senteur
(Lathyrus odoratus)

Anémone
(Anemone)

Renoncule des jardins
Ranunculus asiaticus

Silène
(Silene dioica)

Rose
(Rosa 'Étoile de Hollande')

Primevère
(Primula)

Géranium
(Pelargonium 'Cascade')

Feuilles de rosier
Rosa glauca et fleurs de ciboulette *(Allium schoenoprasum)*

Géranium
(Pelargonium)

Ellébore
(Helleborus hybridus)

Saule
(Salix)

Tulipe
(Tulipa)

Jacinthe
(Hyacinthus)

Lisianthus
(Eustoma grandiflorum)

Ancolie
(Aquilegia)

Ancolie
(Aquilegia)

Rose
(Rosa de Meaux)

Camélia
(Camellia)

Leptospermum

Géranium
(Pelargonium)

Pivoine
(Paeonia)

Les mauves et les bleus

LES MAUVES ET LES BLEUS occupent l'extrémité froide du spectre. Ils sont assez faciles à utiliser, car ils s'associent bien aux autres couleurs, en créant soit des contrastes (le bleu avec l'orange), soit des harmonies (le bleu avec le rose). Le bleu a cependant tendance à estomper, et l'apport de blanc ou de jaune pâle permet d'accroître les contrastes et de rehausser l'impact de cette couleur. Voici un assortiment de fleurs bleues et mauves souvent employées dans l'arrangement floral.

Romarin
(*Rosmarinus officinalis*)

Primevère
(*Primula*)

Lilas
(*Syringa*)

Lamier
(*Lamium maculatum*)

Anémone
(*Anemone*)

Pois de senteur
(*Lathyrus odoratus*)

Trachelium caeruleum

Clématite
(*Clematis*)

Phlox 'Chatahoochee'

Ail
(*Allium aflatunense*)

Pigamon
(*Thalictrum*)

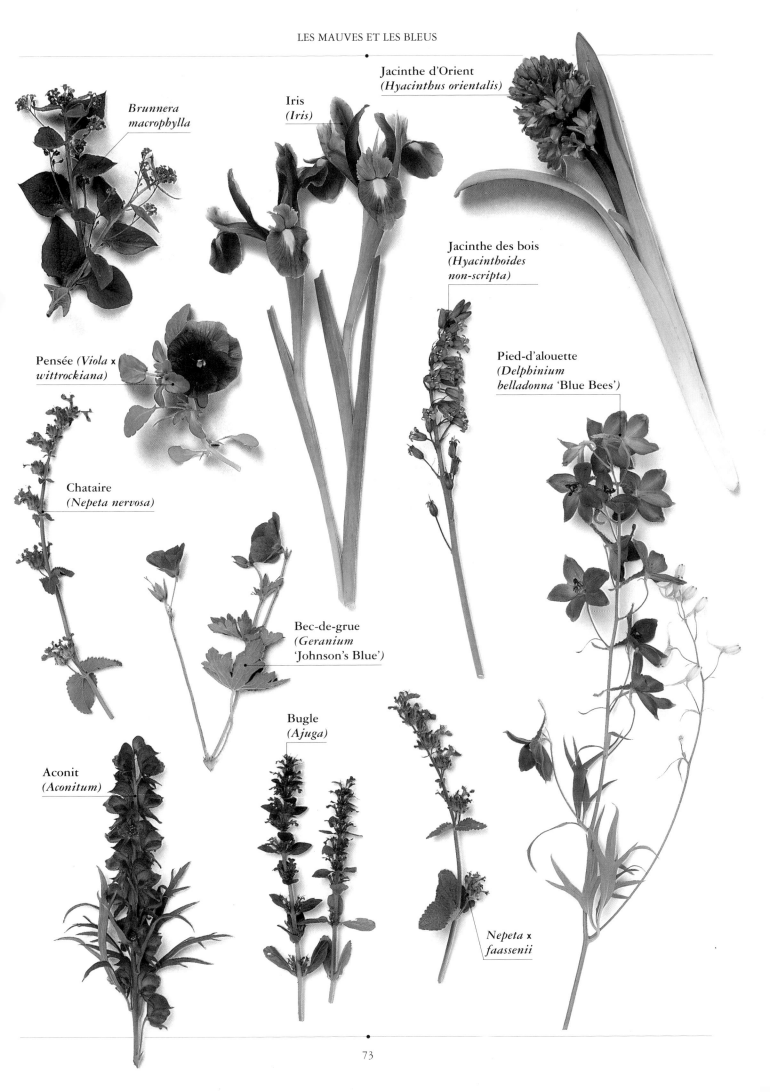

Brunnera
macrophylla

Iris
(Iris)

Jacinthe d'Orient
(Hyacinthus orientalis)

Jacinthe des bois
(Hyacinthoides
non-scripta)

Pensée (Viola x
wittrockiana)

Pied-d'alouette
(Delphinium
belladonna 'Blue Bees')

Chataire
(Nepeta nervosa)

Bec-de-grue
(Geranium
'Johnson's Blue')

Bugle
(Ajuga)

Aconit
(Aconitum)

Nepeta x
faassenii

Les couleurs froides : coupe printanière

MATÉRIEL

Grillage
Fil de fleuriste
Grand plat chinois peu profond
25 à 30 brins de séneçon *Senecio* 'Sunshine' (seulement les feuilles)
3 ou 4 tiges d'anémone *(Anemone)*
15 ou 20 tiges de consoude *(Symphytum grandiflorum)*
10 à 12 brins de *Brunnera macrophylla*

LES ARRANGEMENTS RÉUNISSANT des mauves et des bleus offrent une sensation de paix et de sérénité. Ici, la fraîcheur provient du mauve profond des anémones, tandis que les frêles *Brunnera* et les délicates consoudes blanches éclairent la réalisation. La couleur du feuillage – les feuilles de séneçon gris argenté – rehausse délicatement l'ensemble. L'arrangement, réalisé dans une coupe chinoise qui rappelle la couleur des fleurs, est rassérénant et harmonieux.

Le choix d'une palette de couleurs restreinte associée au regroupement des fleurs sur un même niveau renforce le charme de l'arrangement. Dans la gamme froide des bleus, pensez aussi à des iris bleus, des delphiniums bleu foncé, des bleuets bleu électrique et des pieds-d'alouette bleu pâle.

À droite : ce petit arrangement bas convient particulièrement bien à des anémones, car il attire l'attention sur l'éclat des têtes de fleurs, tout en masquant les tiges.

Consoude
(Symphytum grandiflorum)

Brunnera macrophylla

Anémone
(Anemone)

Senecio 'Sunshine'

Réalisation du support

Le support est un morceau de grillage. Placé à l'intérieur de la coupe, il maintient efficacement les fleurs et le feuillage. Vous pouvez cependant le remplacer par de la mousse synthétique, mais le résultat sera plus rigide.

1 *Faites une boule avec le grillage. Rentrez les bords coupés et irréguliers en dessous. Mettez le grillage dans la coupe, en surélevant légèrement le centre pour former un dôme.*

2 *Fixez le grillage en passant sous la coupe un fil métallique que vous attacherez en tortillant les deux bouts dans le grillage.*

3 *Versez de l'eau fraîche dans la coupe, en prenant soin de ne pas trop la remplir (trois quarts suffisent).*

Réalisation de l'arrangement

Voir aussi : Les supports (pp. 20-21) ; Comment traiter les fleurs (pp. 22-23) ; L'importance des formes naturelles (pp. 32-33) ; La forme du contenant (pp. 38-39) ; Les arrangements ronds (pp. 48-49) ; Les mauves et les bleus (pp. 72-73).

1 *Coupez les brins de séneçon pour qu'ils fassent environ 15 cm de long et ôtez les feuilles les plus basses. Disposez les brins sur le pourtour de la coupe de façon à créer un collier de feuillage.*

2 *Ajoutez encore du séneçon au centre de la coupe en une sorte de dôme léger. Le but est de former une assise assez dense pour maintenir les fleurs et masquer la base en grillage.*

3 *Coupez les anémones, en laissant assez de tige pour qu'elles tiennent droit une fois enfoncées. Insérez-les entre les brins de séneçon ; les fleurs tournées vers le haut doivent être complètement visibles.*

VARIANTES

Si vous souhaitez conserver ce thème de couleurs froides, mais que vous ne possédiez pas les fleurs de la page 74, remplacez-les par des pensées bleu-violet et des jacinthes, rehaussées de fleurs de pommier et de feuilles d'oranger du Mexique (ci-dessous à gauche), ou combinez des iris bleus et des tulipes blanches avec du feuillage de laurier-tin (ci-dessous à droite).

Rameau fleuri
d'oranger du
Mexique
(Choisya ternata)

Tulipe
(Tulipa)

Laurier-tin
(Viburnum tinus)

Fleurs de
pommier
(Malus)

Pensée
(Viola)

Jacinthe des bois
*(Hyacinthoides
non-scripta)*

Iris
(Iris)

4 *Continuez d'ajouter des anémones, en équilibrant bien les couleurs (il aura fallu ici environ 24 fleurs).*

5 *Ôtez les feuilles les plus basses de consoude. Coupez les tiges à la bonne longueur. Ajoutez les fleurs dans la coupe, en les espaçant de manière égale pour qu'elles donnent de la clarté à l'ensemble.*

6 *Enfin, piquez les fleurs de* Brunnera *dans les trous, en bouquets de deux ou trois tiges. Leurs forme et texture contrastent avec celles des anémones, dominantes, et créent une ambiance douce et aérienne.*

Les couleurs chaudes : panier d'automne

MATÉRIEL

Mousse synthétique mouillable

Panier en osier
tapissé de plastique

12 brindilles de bouleau *(Betula)*

Mousse naturelle

12 grands brins de fusain
(Euonymus fortunei
'Emerald and Gold')

2 bottes de soucis
(calendula)

2 bottes de rameaux de
chrysanthème *(Chrysanthemum)*

LES BRUNS PROFONDS et aux nuances diverses constituent la partie chaude du spectre des couleurs, et sont sans pareil pour créer une ambiance conviviale. Les teintes de nombreuses fleurs de fin d'été et d'automne, dont les chrysanthèmes et les soucis, appartiennent également à cette gamme. Utilisez du feuillage doré et brun-roux, ainsi que des baies et fruits de saison, pour apporter de la variété aux arrangements qui jouent sur les tons chauds. La plupart de ces couleurs se mêlent avec bonheur, mais vous risqueriez de perdre cette impression de chaleur si vous ajoutiez des tons blancs ou pastel. Les couleurs des contenants doivent également appartenir à la partie chaude du spectre. Ainsi, les paniers en osier, les pots en faïence, les seaux en bois ou les pots en terre cuite conviennent parfaitement. Avec leur surface brillante qui offre du contraste, les seaux et les pots en cuivre et en laiton s'harmonisent très bien aussi.

À droite : un panier éclatant de fleurs d'automne dans des tons bronze et brun-roux est particulièrement bien mis en valeur sur une surface qui souligne les tons chauds, comme une table en bois ciré.

**Fusain
(Euonymus fortunei
'Emerald and Gold')**

Souci
(Calendula)

**Mousse
naturelle**

Rameaux de
chrysanthème
(Chrysanthemum)

Réalisation du panier

On trouve aisément des paniers munis d'une grande anse, mais vous pourrez en fabriquer une vous-même avec quelques brindilles de bouleau. Cette anse décorative n'est cependant pas destinée à supporter un poids trop important.

1 *Trempez le bloc de mousse synthétique dans de l'eau. Égouttez-le et fixez-le solidement dans le panier, en le laissant dépasser de 2,5 cm au-dessus du bord.*

2 *Prenez la moitié des brindilles de bouleau et liez-les avec un élastique. Insérez l'extrémité des tiges entre le panier et la mousse synthétique. Entortillez les tiges ensemble.*

3 *Répétez l'étape 2 avec les brindilles restantes du côté opposé du panier, et croisez les extrémités libres des brindilles au milieu de l'anse.*

Réalisation de l'arrangement

Voir aussi : Contenants (pp. 16-17) ; Gros plan sur le feuillage (pp. 36-37) ; La forme du contenant (pp. 38-39) ; Les jaunes et les oranges (pp. 68-69).

1 *Recouvrez complètement les bords du panier avec de la mousse naturelle. Elle masquera le rebord du panier et la mousse synthétique quand l'arrangement sera terminé.*

2 *Insérez le fusain tout autour du panier en ne le serrant pas trop. Ce feuillage teinté de rouge et or rehaussera les tons chauds des soucis et des chrysanthèmes, et formera le cadre de l'arrangement.*

VARIANTE

Pour réaliser un arrangement similaire au printemps, remplacez les chrysanthèmes par des narcisses à trompettes orange. Les pétales blanc crémeux donnent un arrangement légèrement plus clair et plus frais, mais le résultat final est toujours chaleureux.

Souci
(*Calendula*)

Fusain
(*Euonymus fortunei*
'Emerald and Gold')

Narcisse
(*Narcissus*)

3 *Placez les feuilles de fusain sur la mousse naturelle. Piquez les soucis dans le support, les tiges hautes au centre, les courtes vers les bords.*

4 *Disposez les rameaux de chrysanthème pluriflores entre les soucis et quelques-uns plus petits sur le pourtour du panier.*

5 *Tournez le panier de chaque côté, pour vous assurer que les formes et les couleurs de l'arrangement sont équilibrées et qu'il n'y a pas de trous.*

Palette restreinte : pichet d'été

MATÉRIEL

Un pot de 20 cm de haut
Du grillage
3 ou 4 feuilles d'*hosta fortunei* et *hosta fortunei* 'Aurea Marginata'
3 ou 4 feuilles de charme (*Carpinus*)
1 ou 2 brins de feuilles et fleurs de *Tolmiea menziesii*
2 brins d'Euphorbe (*Euphorbia polychroma*)
2 clématites blanches comme *Clematis* 'Wada's primrose'
2 ou 3 roses jaunes comme *Rosa* 'Maigold'
1 ou 2 têtes d'aneth (*Anethum graveolens*)

L'UN DES MEILLEURS MOYENS d'unifier un arrangement est de choisir une palette de couleurs restreinte, dans la même partie du spectre des couleurs – c'est-à-dire du jaune, du vert et du bleu, ou du rose, du mauve et du bleu –, puis d'utiliser des nuances plus claires ou plus foncées de ces couleurs pour réaliser un camaïeu. L'arrangement paraîtra plus dense, comme si vous vous étiez servi de textures contrastées (voir pages 92-95) ou de la forme des fleurs (voir pages 46-47). Veillez cependant à ne pas créer un contraste trop grand entre les tons clairs et foncés : l'arrangement manquerait de cohésion. Pour que l'ensemble soit plus lumineux, ajoutez des fleurs blanches, argentées ou crème, ou du feuillage. Les couleurs vives – le rouge, le rose et l'orange vifs – conviennent parfaitement à des compositions aux couleurs contrastées (voir pages 86-89).

À droite : les tons jaune très doux mêlés aux verts clair et foncé offrent une unité de couleur très attrayante. Quelques touches de blanc éclairent l'arrangement sans atténuer l'ensemble.

Clématite
(*Clematis* 'Wada's primrose')

Charme
(*Carpinus*)

Euphorbe
Euphorbia polychroma

Hosta fortunei
'Aurea Marginata'

(*Hosta fortun*

Tolmiea menziesii

Rose
(*Rosa* 'Maigold')

Aneth
(*Anethum graveolens*)

Réalisation de l'arrangement

Voir aussi : Comment traiter les fleurs (pp. 22-23) ; Comment préparer les fleurs
(pp. 24-25) ; L'importance des formes naturelles (pp. 32-33) ; Gros plan sur le
feuillage (pp. 36-37) ; Les blancs et les verts (pp. 66-67).

1 *Roulez le grillage en boule et enfoncez-le dans le col du pichet
jusqu'à ce qu'il soit en dessous du niveau du bord.*

2 *Placez les feuilles d'hosta et de charme sur les bords du pichet
en les répartissant uniformément pour constituer une collerette de
feuillage.*

3 *Passez les brins de* Tolmiea *et d'euphorbe à travers le grillage,
en vous assurant qu'ils sont plus hauts que la collerette de
feuilles d'hosta et de charme.*

4 *Écrasez les tiges des roses (voir page 22) avant de les mettre en
place. Notez que l'arrangement présente maintenant plusieurs
nuances de deux couleurs en harmonie, le jaune et le vert.*

VARIANTE

Cette version est basée sur le même principe d'une gamme de couleurs limitée, avec une palette de tons légèrement plus foncés de jaune, rose, mauve et vert.

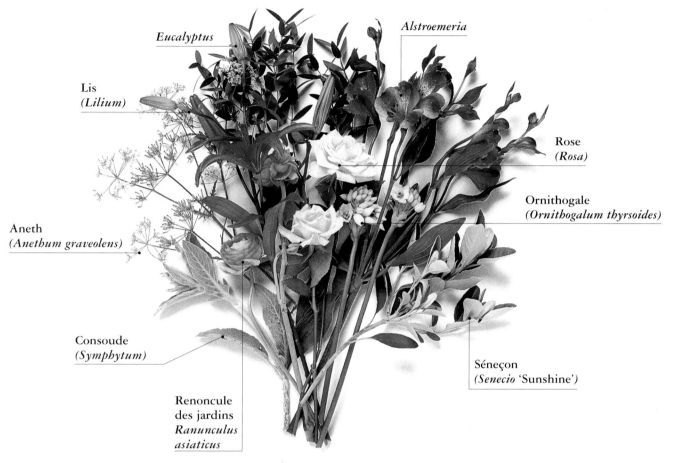

Eucalyptus

Alstroemeria

Lis
(Lilium)

Rose
(Rosa)

Aneth
(Anethum graveolens)

Ornithogale
(Ornithogalum thyrsoides)

Consoude
(Symphytum)

Séneçon
(Senecio 'Sunshine')

Renoncule
des jardins
*Ranunculus
asiaticus*

5 *Insérez les têtes de clématite en équilibrant chacune d'elles avec la tête de l'une des roses déjà en place. Le blanc des clématites apporte de la clarté à l'ensemble de l'arrangement.*

6 *Répartissez l'aneth de façon régulière autour de l'arrangement. Notez comment les verts et les jaunes, provenant de la même partie du spectre des couleurs, s'harmonisent bien.*

Les couleurs discordantes : vase estival resplendissant

MATÉRIEL

Un carré de grillage
de 15 cm de côté

Un pichet ou un vase chinois

2 tiges de lis orange (*Lilium*)

3 tiges de giroflée quarantaine
(*Matthiola*)

Une pivoine rose (*Paeonia*)

3 roses rouges à grande tête
(*Rosa*)

3 ancolies violettes
(*Aquilegia*)

2 gerberas orange (*Gerbera*)

4 lis du Malabar
(*Gloriosa superba*)

2 soucis jaunes
(*Calendula officinalis*)

4 roses roses (*Rosa*)

L'ASSOCIATION DE COULEURS VIVES ET INTENSES créé une discordance spectaculaire dans un arrangement. Vous obtiendrez le maximum d'effet en juxtaposant plusieurs couleurs opposées – soit des couleurs chaudes comme des oranges, des roses et des rouges écarlates, soit des couleurs froides comme des bleus et des pourpres.

Choisissez des fleurs aux têtes assez grandes afin que les couleurs paraissent encore plus intenses : gerberas, roses, pivoines, lis, pieds-d'alouette et giroflées ont de grandes têtes ou de grandes tiges qui conviennent parfaitement.

L'ajout d'une ou deux fleurs plus délicates, comme des ancolie, des freesias ou des pois de senteur, permettra d'atténuer la densité de fleurs aux formes plus solides, tout en apportant contraste et texture à l'arrangement.

À droite : dans cet arrangement, les rouges ardents, les oranges foncés et les roses vifs se combinent pour former une tache de couleur éclatante contre un mur jaune ensoleillé. Les fleurs rose pâle disposées autour du bord du pichet structurent l'arrangement et atténuent le contraste existant entre le blanc et le bleu froids du contenant et les couleurs vibrantes et chaudes des fleurs.

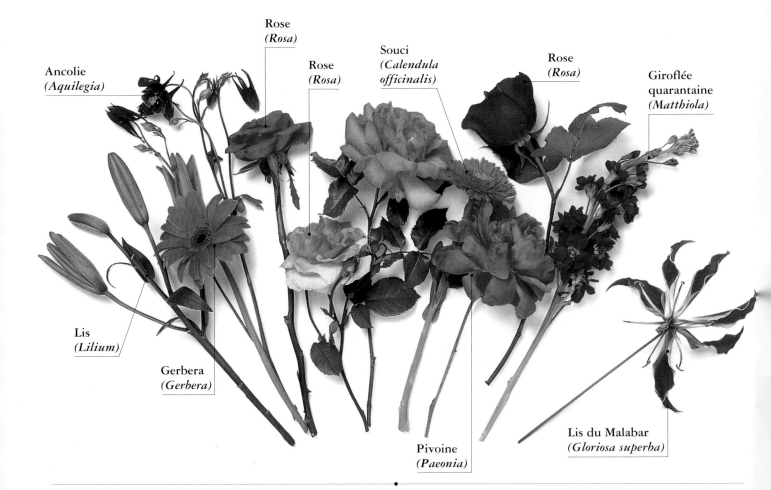

Ancolie
(*Aquilegia*)

Rose
(*Rosa*)

Rose
(*Rosa*)

Souci
(*Calendula officinalis*)

Rose
(*Rosa*)

Giroflée quarantaine
(*Matthiola*)

Lis
(*Lilium*)

Gerbera
(*Gerbera*)

Pivoine
(*Paeonia*)

Lis du Malabar
(*Gloriosa superba*)

Réalisation de l'arrangement

Voir aussi : Les supports (pp. 20-21) ; Comment préparer les fleurs (pp. 24-25) ; L'importance des formes naturelles (pp. 32-33) ; Les jaunes et les oranges (pp. 68-69) ; Les rouges et les roses (pp. 70-71).

1 *Faites une boule avec le grillage. Tassez-le dans le col du pichet en l'enfonçant fermement.*

2 *Coupez les tiges des fleurs les plus grandes, les lis orange, pour qu'elles aient à peu près deux fois la hauteur du contenant, et insérez-les sur les bords et au centre.*

3 *Coupez les tiges des giroflées à peu près à la même longueur que les lis. Placez-les près de l'anse et du bord du pichet, de chaque côté des lis.*

4 *Placez la pivoine au centre, sous les lis et les giroflées. Répartissez les roses rouges à grande tête de manière régulière autour du pichet, mais ne recherchez pas une symétrie parfaite ; le charme de cet arrangement réside dans son style informel.*

5 *Garnissez les côtés de l'arrangement avec les ancolies violettes et les lis du Malabar, à l'aspect plumeté. Ces fleurs donnent de la hauteur et de l'ampleur à l'arrangement.*

VARIANTES

*Choisissez au moins trois couleurs franches pour réaliser des arrangements discordants. L'orange,
le violet et le rouge (ci-dessous à droite) forment un trio audacieux ; pour des nuances plus
subtiles, utilisez des rouges, des oranges, des mauves et des roses (ci-dessous à gauche).*

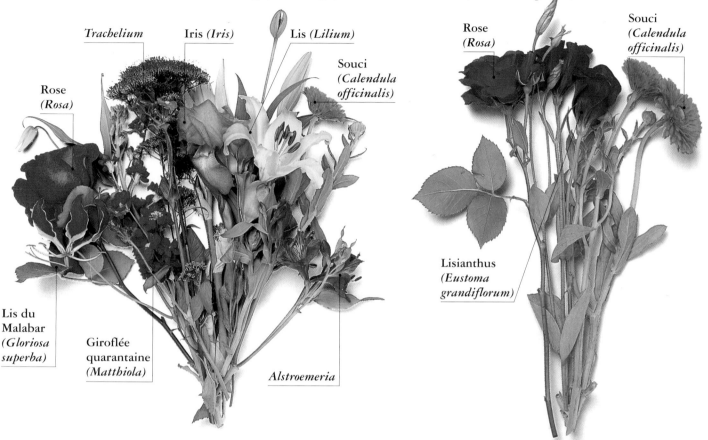

Trachelium   Iris *(Iris)*   Lis *(Lilium)*

Souci
*(Calendula
officinalis)*

Rose
(Rosa)

Rose
(Rosa)

Souci
*(Calendula
officinalis)*

Lisianthus
*(Eustoma
grandiflorum)*

Lis du
Malabar
*(Gloriosa
superba)*

Giroflée
quarantaine
(Matthiola)

Alstroemeria

6 *Répartissez les gerberas orange vif et les
têtes de soucis parmi les fleurs rouges et
roses, pour créer une forte discordance de
couleurs.*

7 *Ajoutez les roses roses les plus pâles
pour contraster avec les rouges et
oranges sombres, et pour donner une forme
plus sculpturale à l'arrangement.*

8 *Éloignez-vous de l'arrangement pour
l'apprécier. Comblez les trous éventuels,
et vérifiez que les couleurs vives sont bien
équilibrées.*

La texture

LA RÉUSSITE d'un arrangement dépend
autant de la texture des fleurs, feuilles et
baies choisies que de leur couleur et de leur
forme. Pour rehausser l'effet d'ensemble, il
faut savoir tirer parti des contrastes offerts
par les différentes textures – lisse et
rugueux ou mat et brillant, par exemple.
Ce chapitre présente un choix de fleurs,
feuilles et baies et vous montre comment
les marier heureusement.

Effets de texture

QUAND VOUS PRÉPAREZ un arrangement, n'oubliez pas que la texture des plantes est aussi importante que leur forme et leur couleur. En fonction de l'effet que vous voulez obtenir, vous associerez des textures similaires ou, au contraire, contrastées. Les feuilles présentées ci-dessous permettent de réaliser des effets de texture intéressants. Utilisez-les aussi souvent que possible pour mettre en relief les fleurs de vos arrangements (voir page ci-contre).

Ballota

Douces et veloutées
À *droite : les feuilles douces, veloutées ou argentées s'harmonisent très bien avec les fleurs délicates.*

Herbe sauvage

Oreille-de-chat
(*Stachys byzantina*)

Séneçon
(*Senecio laxifolius*)

Polypode commun
(*Polypodium vulgare*)

Feuilles découpées
À *droite : les fougères et les herbes graciles créent une texture délicate et aérienne.*

Menthe
(*Mentha spicata* 'Crispa')

Oranger du Mexique
(*Choisya ternata*)

Magnolia
(*Magnolia grandiflora*)

Menthe
(*Mentha suaveolens* 'Variegata')

Fines et frisées
À *droite : les contours crénelés, les pointes fines et les ovales effilés mettent tous bien en valeur les fleurs et les feuilles plus grandes et plus douces.*

Lierre
(*Hedera*)

Lustrées et cireuses
À *droite : le vert intense de ces larges feuilles brillantes éclaire ces teintes sombres.*

Rose
(*Rosa*)

Grandes fleurs cireuses et petits bourgeons

À droite : les têtes cireuses des tulipes ainsi que leurs feuilles lisses et allongées offrent un saisissant contraste de texture avec les bourgeons de saule.

Saule
(*Salix*)

Tulipe
(*Tulipa*)

Iris de Hollande
(*Iris*)

Baies de mahonia
(*Mahonia*)

Grandes fleurs cireuses et feuilles pointues et brillantes

À droite : les fleurs d'iris, cireuses et lisses, contrastent avec les feuilles d'iris pointues, la forme ramifiée des brins de mahonia et les feuilles de lierre, plates et brillantes.

Lierre commun
(*Hedera helix* 'Arborea')

Renoncule des jardins
(*Ranunculus asiaticus*)

Oranger du Mexique
(*Choisya ternata*)

Baies de fatsia
Fatsia japonica

Feuille de bergenia
(*Bergenia*)

Fleur de bergenia
(*Bergenia*)

Anémone
(*Anemone*)

Skimmia rubella

Fleurs délicates et feuilles brillantes

À droite : le jaune pastel des renoncules et des pensées ressort sur le vert intense et lumineux des feuilles d'oranger et des baies de fatsia.

Pensée
(*Viola* x *wittrockiana*)

Fleurs délicates et larges feuilles lustrées

À gauche : les feuilles de bergenia et de skimmia, associées aux bourgeons de skimmia, forment un contraste idéal avec les anémones et les bergenias.

Textures de saison

CETTE DOUBLE PAGE PRÉSENTE d'insolites contrastes de texture au fil des saisons. Cela vaut la peine de rechercher des textures variées de fleurs, de feuilles et de baies, en particulier en hiver et au printemps, quand le choix est moins grand. Sans variations de texture, un arrangement floral paraîtra terne et sans relief.

Skimmia

Romarin
(Rosmarinus officinalis)

Buis commun
(Buxus sempervirens)

Mahonia

Houx panaché
(Ilex aquifolium)

En hiver et au début du printemps
À droite : les feuilles de houx et les chatons de bouleau contrastent de façon spectaculaire avec cette orchidée, à un moment où les fleurs sont rares.

Chaton de bouleau
(Betula)

Orchidée

En automne
À droite : les couleurs feuilles d'automne et les baies brillantes et lustrées fournissent des contrastes de texture inhabituels. Ici, les feuilles de mahonia et les baies de skimmia sont associées à du romarin et à du buis persistant.

(Mahonia)

Jacinthe
(Hyacinthus)

Chaton de noisetier
(Corylus)

Véronique en arbre
(Hebe)

Alchémille
(Alchemilla mollis)

En été
À droite : les têtes duveteuses d'alchémille offrent un contraste clair et aérien avec la texture épaisse et feutrée des feuilles de sauge pourpre.

Sauge pourpre
(Salvia officinalis 'Purpurascens')

Skimmia rubella

À mi-printemps
À gauche : les lourdes jacinthes et les bourgeons arrondis de skimmia contrastent avec la forme dentelée des chatons de noisetier et des feuilles de véronique.

Lilas
(*Syringa*)

En été
À *droite : les fleurs
minuscules et découpées du
genêt contrastent avec les
feuilles douces et feutrées
du séneçon.*

Genêt
(*Genista*)

**À la fin du
printemps**
À *gauche : les têtes
douces et mousseuses du
lilas blanc sont mises en
valeur par les feuilles
cireuses de l'eucalyptus.*

Eucalyptus

Séneçon
(*Senecio laxifolius*)

Anaphalis

Sarcococca
bookeriana

**Matricaire
(Chrysanthemum
parthenium)**

En été
À *gauche : les délicates
fleurs de la matricaire
contrastent avec les
feuilles nettes et pointues
de l'anaphalis.*

En été
À *droite : les fleurs et les
feuilles de camélia,
arrondies et cireuses,
s'opposent aux feuilles
lancéolées de* Sarcococca.

Camélia
(*Camellia*)

Hérissé et pointu :
seau hivernal

FLEURS ET FEUILLES

10 à 12 rameaux feuillus
de cyprès de Lawson
(*Chamaecyparis lawsoniana*)

2 à 4 rameaux d'if commun
(*Taxus baccata*)

6 à 8 tiges feuillues
de houx (*Ilex*)

2 tiges de *Mahonia*

2 tiges de *Mahonia*
chamarrées de rouge

8 rameaux de chrysanthème
(*Chrysanthemum*)

10 à 12 tiges de cornouiller
rouge (*Cornus*)

LE CONTRASTE DES TEXTURES et des formes donne tout son intérêt à cet arrangement hivernal. Les différentes textures de feuilles et de fleurs forment quatre niveaux relativement distincts : tout d'abord, une bande de cyprès doux et plumeté et d'if forme une collerette sur le bord du contenant ; puis un éventail de feuilles de mahonia et de houx, surmonté d'une bande centrale de fleurs aux pétales tendres, fournit un contraste saisissant. Enfin, les lignes pointues des fines tiges de cornouiller dominent la composition.

Pour diriger l'attention sur la texture, limitez votre palette de couleurs à deux ou trois teintes. La composition associe ici rouge vif et vert profond pour donner un air de fête. La plupart des jardins contiennent en hiver une grande quantité de feuillage persistant. Les feuilles et les baies de lierre, de conifère, de troène et le buis sont parmi les plus courants, et chacun d'eux pourrait très bien remplacer le feuillage de cet arrangement.

À droite : les fines tiges de cornouiller, les feuilles pointues de mahonia et de houx hérissés de pointes, les chrysanthèmes aux pétales tendres et les rameaux de cyprès et d'if créent un arrangement aux contrastes de texture spectaculaires. La forme générale arrondie offre un centre d'intérêt attrayant, et les couleurs principales – rouge et vert – donnent un caractère chaleureux et festif.

MATÉRIEL

Grillage

Un grand seau décoratif

Un contenant d'un diamètre de
5 cm inférieur à celui du seau

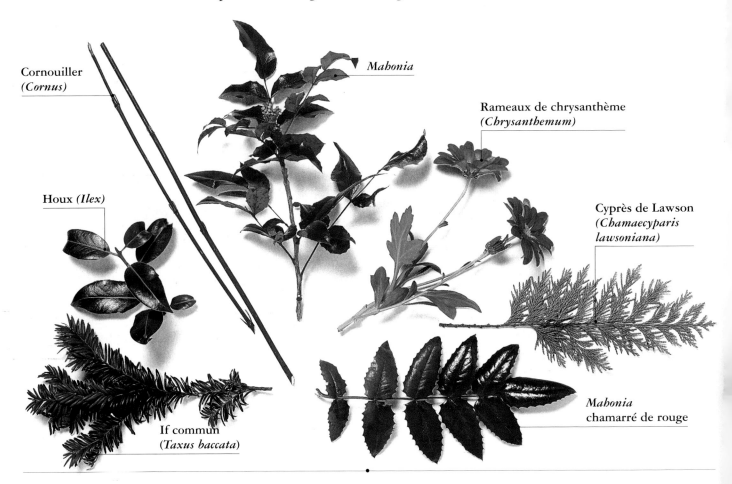

Cornouiller
(*Cornus*)

Houx *(Ilex)*

If commun
(*Taxus baccata*)

Mahonia

Rameaux de chrysanthème
(*Chrysanthemum*)

Cyprès de Lawson
(*Chamaecyparis
lawsoniana*)

Mahonia
chamarré de rouge

Réalisation de l'arrangement

Voir aussi : Les supports (pp. 20-21) ; Comment préparer les fleurs (pp. 22-23) ; Gros plan
sur le feuillage (pp. 36-37) ; Effets de texture (pp. 92-93) ; Textures de saison (pp. 94-95).

1 *Placez une boule de grillage légèrement aplatie dans le contenant intérieur. Mettez celui-ci dans le seau et remplissez-le aux trois quarts d'eau fraîche.*

2 *Coupez les rameaux de cyprès pour qu'ils aient environ 35 cm de long et fixez-les fermement dans le grillage sur les bords du contenant afin de former une large collerette.*

3 *Coupez les rameaux d'if pour qu'ils aient 50 cm de long, et insérez-les dans le grillage sur les bords du contenant.*

4 *Coupez le houx à 50 cm. Répartissez-le tout autour du contenant, parmi les branches d'if.*

5 *Placez les tiges de mahonia rouge et vert à l'avant et sur les côtés, de façon à donner une forme d'éventail à l'arrangement.*

VARIANTE

Vous réaliserez une version similaire de l'arrangement en associant n'importe quel feuillage d'hiver disponible à des fleurs de fleuriste dans des tons rouge foncé. Les cônes constituent un élément de texture important. Les gerberas et les anémones aux longues tiges peuvent très bien remplacer les fleurs douces à nombreux pétales.

Anémone
(Anemone)

Gerbera

Tige et cône de
mélèze *(Larix)*

Houx panaché
(Ilex)

Sapin
(Abies)

Fleurs de lierre
panaché *(Hedera)*

Pomme
de pin
(Pinus)

6 *Ôtez les feuilles les plus basses des chrysanthèmes (voir page 22) et disposez ceux-ci en une large bande au milieu et à l'avant de l'arrangement.*

7 *Ajoutez les tiges de cornouiller à l'arrière de l'arrangement. Elles doivent dépasser d'environ 25 cm le reste du feuillage pour rompre le contour.*

Brillant et mat :
pots de narcisses printaniers

MATÉRIEL

Pot en terre cuite de 15 cm de haut
Sac poubelle noir
Mousse naturelle
2 bottes de narcisses à petites fleurs (*Narcissus*)

LA TEXTURE n'est peut-être pas le premier élément que vous remarquez dans cet arrangement, mais elle joue un rôle subtil dans le résultat. Les têtes des fleurs, brillantes et cireuses, forment une première structure ; au-dessous, le simple bouquet des tiges constitue l'étage suivant ; la texture mate et rêche de la mousse représente un troisième niveau ; et la surface dure et lisse du pot en terre cuite en ajoute un quatrième.

Les fleurs de printemps manquent parfois de structure dans une composition, mais vous réaliserez un arrangement efficace en regroupant les types de texture par étages. Vous pouvez aussi choisir des fleurs printanières à l'aspect dur et cireux, par exemple des iris et des tulipes. Pour une version plus simple, utilisez des marguerites en été, ou des chrysanthèmes en automne.

À droite : quatre textures différentes, disposées en bandes nettes et horizontales, donnent à cet arrangement une allure spectaculaire et sculpturale. De plus, il sent délicieusement bon !

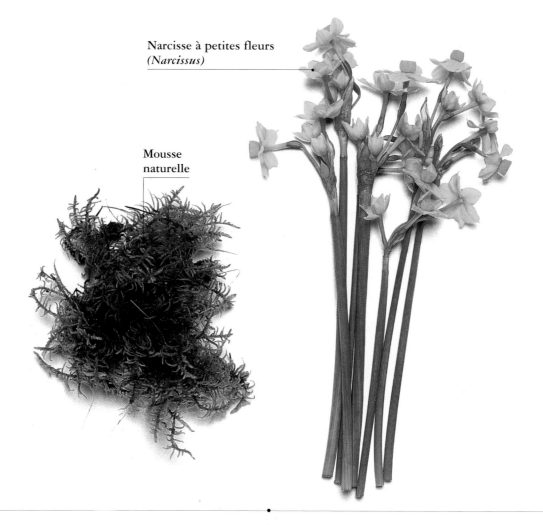

Narcisse à petites fleurs
(*Narcissus*)

Mousse
naturelle

Réalisation de l'arrangement

Voir aussi : L'importance des formes naturelles (pp. 32-33) ; La forme du contenant (pp. 38-39) ; Effets de texture (pp. 92-93) ; Textures de saison (pp. 94-95).

1 *Tassez plusieurs petits morceaux de mousse naturelle au fond du pot pour couvrir le trou de la base, ou bien servez-vous de quelques morceaux cassés de mousse synthétique.*

2 *Découpez le sac poubelle pour qu'il mesure 20 cm de haut et posez-le dans le pot, en roulant les bords par-dessus le col du pot. Remplissez-le d'eau à moitié. Taillez toutes les tiges des fleurs à la même longueur, soit deux fois la profondeur du pot.*

3 *Placez les narcisses dans le pot. Insérez de la mousse naturelle autour de la base des tiges pour les maintenir bien en place.*

4 *Une fois les narcisses bien fixés, repliez les bords du sac plastique dans le pot.*

5 *Recouvrez le plastique noir d'une collerette de mousse naturelle, de manière aussi régulière que possible.*

VARIANTE

Tout l'effet de ce pot de chrysanthèmes réside dans son arrangement par bandes de texture et dans la simplicité de sa palette de couleurs. Les têtes de fleur forment un étage de couleur et une texture douce, les feuilles l'étage suivant et le pot en terre cuite le niveau de base. Le résultat est aussi naturel et attrayant que celui du pot de narcisses de la page 101.

Chrysanthème
(*Chrysanthemum*)

Doux et équilibré : centre de table pascal

FLEURS

18 à 20 brins de laurier-tin *(Viburnum tinus)*
6 à 8 brins de fusain *(Euonymus fortunei* 'Emerald and Gold')
18 à 20 narcisses à petites fleurs *(Narcissus* 'Yellow Cheerfulness')
8 à 10 viornes obiers *(Viburnum opulus)*
12 tiges de *Fatsia japonica*
16 à 18 primevères jaunes *(Primula)*
12 pensées pourpres *(Viola x wittrockiana)*
1 ou 2 tiges de spirée *(Spiraea* 'Arguta')
4 à 6 brins de *Brunnera macrophylla*

LES FLEURS ET LES FEUILLES de cette décoration pour table ont toutes une texture douce, ce qui permet d'unifier l'arrangement, constitué d'un grand nombre de matériaux différents. La taille des plantes est elle aussi importante : toutes les fleurs sont de petite dimension et aucun élément ne domine les autres. La palette de couleurs limitée donne une unité en attirant l'attention sur les petits œufs de caille tachetés au centre. Les éléments contrastants, indispensables pour donner de la densité à la composition, sont fournis par les différentes formes de fleurs. Les primevères, les pensées et les narcisses, avec leurs pétales nettement séparés, les têtes de viorne obier bien compactes, les baies rondes de *Fatsia japonica*, les petits brins de spirée 'Arguta' et les fleurs de brunnera s'associent pour constituer un centre de table printanier attrayant.

À droite : l'équilibre et l'unité sont obtenus grâce à la rangée de petites fleurs aux pétales lisses et aux formes arrondies. Des feuilles lustrées et au bord piquant comme du houx seraient importunes et briseraient le contour net et arrondi.

MATÉRIEL

Une couronne de mousse synthétique humide de 35 cm
Un carré de carton de 40 cm ou une feuille d'aluminium
Un feutre et de la gutta-percha
De la mousse naturelle
Des œufs de caille, des œufs peints ou en chocolat

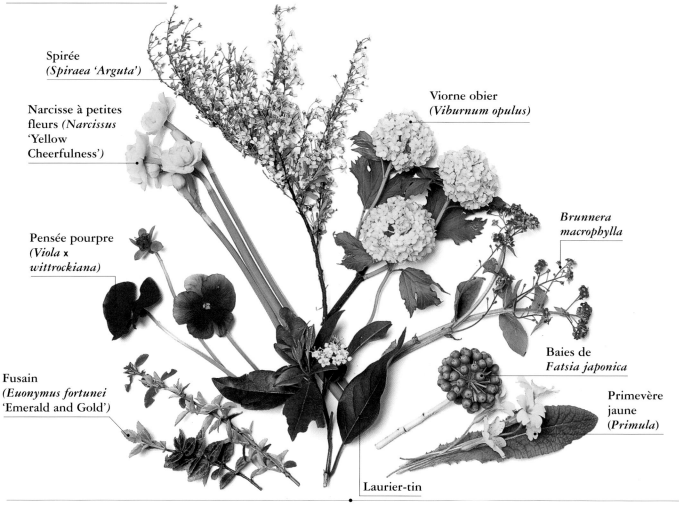

Spirée *(Spiraea 'Arguta')*

Narcisse à petites fleurs *(Narcissus 'Yellow Cheerfulness')*

Viorne obier *(Viburnum opulus)*

Pensée pourpre *(Viola x wittrockiana)*

Brunnera macrophylla

Fusain *(Euonymus fortunei 'Emerald and Gold')*

Baies de *Fatsia japonica*

Primevère jaune *(Primula)*

Laurier-tin

Réalisation du support

Couvrez la cavité centrale de l'anneau en mousse synthétique d'une feuille de carton ou d'aluminium de façon à confectionner une bonne base pour le «nid» au centre de l'arrangement.

1 *Trempez l'anneau en mousse dans l'eau pendant 30 bonnes minutes, puis laissez-le égoutter. Posez-le sur une feuille de carton ou d'aluminium, et tracez un cercle autour du bord extérieur.*

2 *Découpez la feuille de carton ou d'aluminium à 2 cm à l'intérieur du cercle tracé. Fixez le cercle découpé sous l'anneau avec de la gutta-percha.*

Réalisation de l'arrangement

Voir aussi : Les supports (pp. 20-21) ; Formes de fleurs et de feuilles (pp. 46-47) ; Les arrangements ronds (pp. 48-49) ; Effets de texture (pp. 92-93).

1 *Séparez les brins feuillus des rameaux de laurier-tin et ôtez les feuilles les plus basses. Enfoncez les brins de fleurs dans l'anneau en trois groupes, en les espaçant régulièrement.*

2 *Piquez ensuite les feuilles de laurier-tin dans le bord extérieur de l'anneau, de façon à ce qu'elles se déploient tout autour pour constituer une armature asymétrique.*

3 *Insérez de petits groupes de feuilles de fusain panaché dans l'anneau, à intervalles réguliers. Cela contraste avec les feuilles sombres de viorne.*

4 *Groupez les narcisses en bouquets de 5 ou 6, et espacez-les de manière égale autour de l'anneau, pour ajouter forme et couleur différente à l'arrangement.*

5 *Insérez les délicates têtes rondes de viorne dans la couronne, en les plaçant près des narcisses.*

VARIANTE

*Des textures similaires mais une palette de couleurs différentes s'harmonisent dans
cette variante automnale aux nuances de bronze, d'or et de vert. Des noix ou
des noisettes peuvent remplacer les œufs au centre de l'arrangement.*

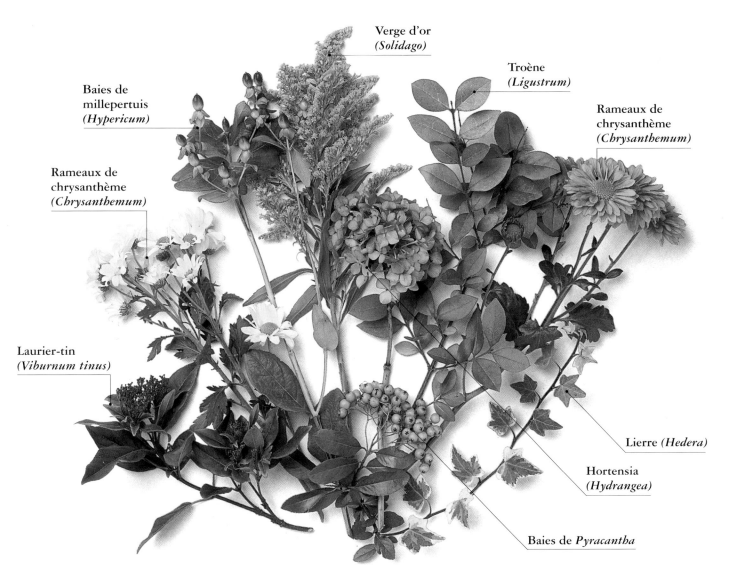

Verge d'or
(Solidago)

Troène
(Ligustrum)

Baies de
millepertuis
(Hypericum)

Rameaux de
chrysanthème
(Chrysanthemum)

Rameaux de
chrysanthème
(Chrysanthemum)

Laurier-tin
(Viburnum tinus)

Lierre *(Hedera)*

Hortensia
(Hydrangea)

Baies de *Pyracantha*

6 Espacez les baies de fatsia à intervalles
égaux autour de l'anneau et sur les
bords.

7 Faites quatre trous à intervalles
réguliers autour de l'anneau avec la
pointe d'un stylo ou d'un crayon. Insérez de
petits bouquets de primevères dans ces trous.

8 Répétez l'étape 7 avec les pensées. Comblez
les vides avec la spirée et les brins de
Brunnera. Garnissez le centre de l'anneau de
mousse naturelle et posez les œufs au-dessus.

Le parfum

INVISIBLE À L'ŒIL, le parfum est néanmoins
un élément précieux qui apporte une
dimension supplémentaire aux
arrangements floraux. Ce chapitre présente
un choix de fleurs et de plantes à la fois
élégantes et odorantes, et montre comment
les mettre en valeur dans un arrangement
aromatique. Les senteurs étudiées vont
du parfum épicé des herbes à celui, sucré,
du lilas, et à la fragrance capiteuse
des jacinthes.

Les plantes parfumées

LE PARFUM EST UNE QUALITÉ que l'on trouve à la fois dans les fleurs et le feuillage. Il est difficile à décrire et varie énormément, de l'odeur suave et entêtante des jacinthes à celle agréablement pénétrante de l'armoise. Les plantes présentées ici conviennent tout à fait à l'arrangement floral car elles sont à la fois ravissantes et odorantes. L'attrait d'un parfum est bien sûr une affaire de goût personnel, mais, si vous décidez d'utiliser plusieurs plantes odorantes dans un arrangement, assurez-vous que leurs arômes ne se heurtent ni ne se neutralisent.

Lilas
(Syringa)

Lis
(Lilium speciosum
'Star Gazer')

Genêt
(Genista)

Freesia

Rose
(Rosa 'Fritz Nobis')

Rose
(Rosa rugosa 'Alba')

Rose
(Rosa 'Étoile
de Hollande')

Rose
(Rosa 'Gloire
de Dijon')

Rose
(Rosa 'Blessings')

Jacinthe
(Hyacinthus)

Narcisses à petites
fleurs *(Narcissus)*

*Mimosa
(Acacia)*

Rose
(Rosa)

*Sarcococca
bookeriana*

Géranium
(Pelargonium)

Laurier-tin
(Viburnum tinus)

Géranium
*(Pelargonium
graveolens
'Lady Plymouth')*

Lis
*(Lilium
longiflorum)*

Armoise
(Artemisia)

Fleurs de
pommier
(Malus)

Myrte
(Myrtus communis)

Fleurs
d'oranger
du Mexique
*(Choisya
ternata)*

Pois de senteur
(Lathyrus odoratus)

Œillet
(Dianthus)

Chèvrefeuille
(Lonicera)

Les plantes aromatiques

APPRÉCIÉES DEPUIS DES SIÈCLES pour leur propriétés aromatiques et curatives, ces plantes constituent un apport fantastique aux arrangements floraux, aussi bien groupées ensemble dans un petit bouquet au charme suranné qu'associées à d'autres fleurs pour relever et parfumer vos arrangements. Voici un choix de plantes aromatiques courantes et utiles. Avant de réaliser un arrangement, commencez toujours par les traiter (voir page 22), car les variétés à tiges tendres ont tendance à se flétrir rapidement.

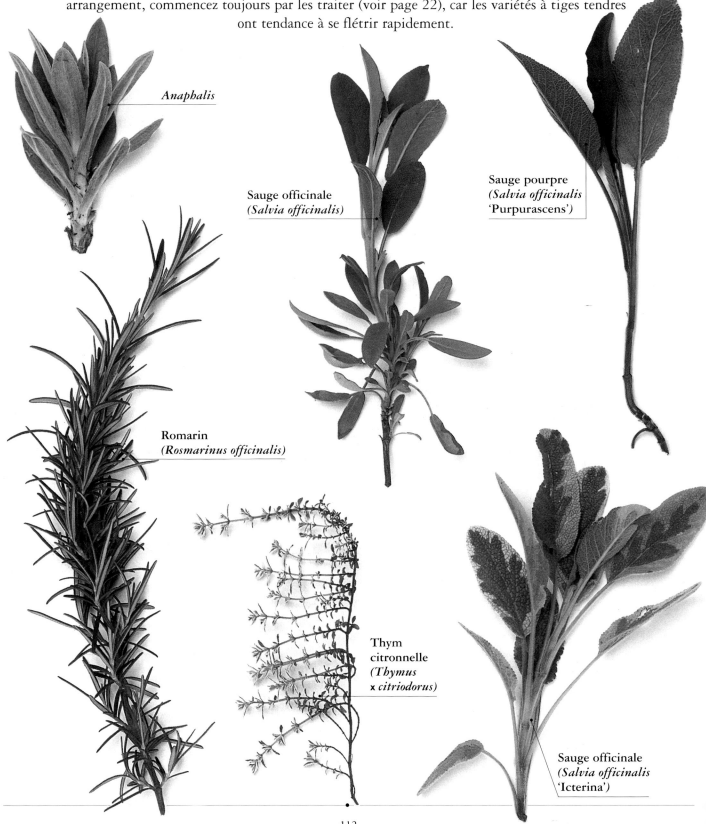

Anaphalis

Sauge officinale
(*Salvia officinalis*)

Sauge pourpre
(*Salvia officinalis*
'Purpurascens')

Romarin
(*Rosmarinus officinalis*)

Thym
citronnelle
(*Thymus*
x *citriodorus*)

Sauge officinale
(*Salvia officinalis*
'Icterina')

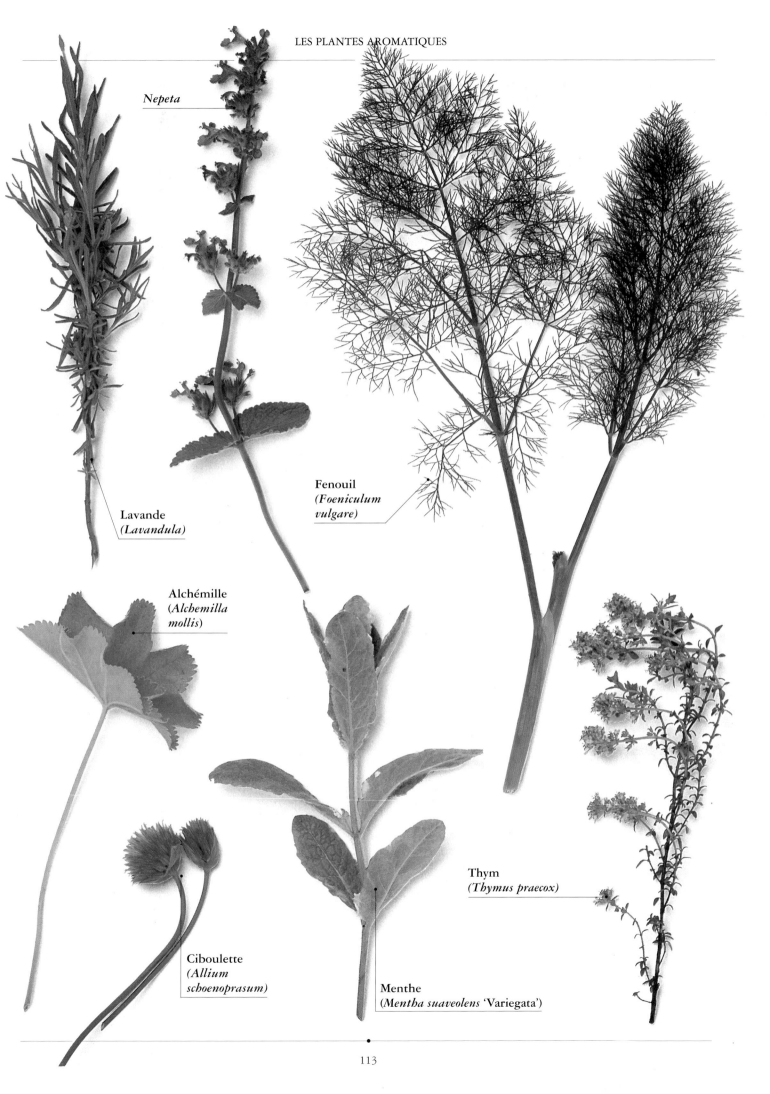

Nepeta

Lavande
(*Lavandula*)

Fenouil
(*Foeniculum
vulgare*)

Alchémille
(*Alchemilla
mollis*)

Thym
(*Thymus praecox*)

Ciboulette
(*Allium
schoenoprasum*)

Menthe
(*Mentha suaveolens* 'Variegata')

Frais et clair :
cruche de lilas

MATÉRIEL

Un carré de grillage
de 30 cm de côté

Une grande cruche en céramique

6 à 8 branches de lilas
(*Syringa vulgaris*)

3 à 4 branches de fleurs d'oranger
du Mexique (*Choisya ternata*)

6 à 8 tiges de cerfeuil sauvage
(*Anthriscus sylvestris*)

3 à 4 tiges de fleurs de
cerisier rose (*Prunus*)

7 tulipes blanches (*Tulipa*
'White Triumphator')

AVEC SON PARFUM CAPITEUX immédiatement identifiable, le lilas est l'une des plantes parfumées qui entrent le plus souvent dans la maison. Il convient mieux à des arrangements simples et sans recherche, où ses branches naturellement noueuses fournissent la forme de base. En combinant du lilas avec d'autres fleurs, assurez-vous que celles-ci ne l'écrasent pas. Les fleurs sauvages ou d'aspect discret, comme le cerfeuil sauvage, les fleurs de cerisier, les fleurs d'oranger du Mexique et les tulipes utilisées ici, s'harmonisent bien avec lui ; mais des fleurs de fleuriste artificiellement grossies amoindriraient l'élément principal. Les feuilles vertes et brillantes des fleurs d'oranger du Mexique apportent un contraste de ton et de texture, tout en donnant plus de consistance à l'arrangement.

À droite : la principale qualité de cet arrangement réside dans son parfum, qui provient surtout du lilas, mais aussi des fleurs d'oranger du Mexique. Les couleurs douces et harmonieuses associées aux petites fleurs délicates complètent l'arrangement.

Tulipe blanche
(*Tulipa* 'White Triumphator')

**Fleur d'oranger
du Mexique**
(*Choisya ternata*)

Lilas
(*Syringa vulgaris*)

Cerfeuil sauvage
(*Anthriscus sylvestris*)

Fleur de cerisier
(*Prunus*)

Préparation des éléments

Avec un contenant profond et à col étroit comme celui-ci, vous pouvez quelquefois vous passer de
support, mais, les tiges du lilas étant très souvent tordues, l'introduction d'une boule de grillage
au fond de la cruche aidera à les maintenir bien en place.

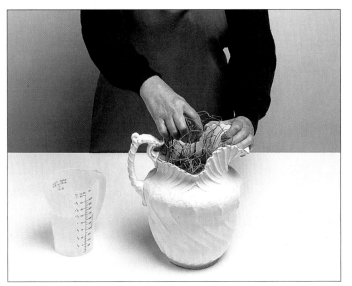

1 *Roulez le grillage en boule et enfoncez-le dans le pichet pour fournir un support à l'arrangement. Remplissez le pichet aux trois quarts d'eau fraîche.*

2 *Coupez les tiges des fleurs, les plus grandes devant avoir deux fois la hauteur du contenant. Ôtez les feuilles qui se trouveraient sous l'eau. Écrasez l'extrémité des tiges avec un marteau.*

Réalisation de l'arrangement

Voir aussi : Les supports (pp. 20-21) ; Comment traiter les fleurs (pp. 22-23) ; L'importance des
formes naturelles (pp. 32-33) ; Effets de texture (pp. 92-93) ; Plantes parfumées (pp. 110-111).

1 *Disposez le lilas et les fleurs d'oranger du Mexique dans la cruche en demi-cercle en laissant le lilas retomber naturellement. Cela forme l'armature de l'arrangement.*

2 *Étoffez l'ensemble de cette forme arrondie en utilisant les branches de lilas et les fleurs d'oranger du Mexique les plus petites. Faites retomber négligemment une tige par-dessus le côté de la cruche.*

VARIANTE

Voici une combinaison plus vive et plus sombre que la cruche de lilas, avec des lis comme élément parfumé. Les dorés, les rouges éclatants et les verts profonds et brillants s'associent bien, les fleurs pâles ajoutant une touche de lumière.

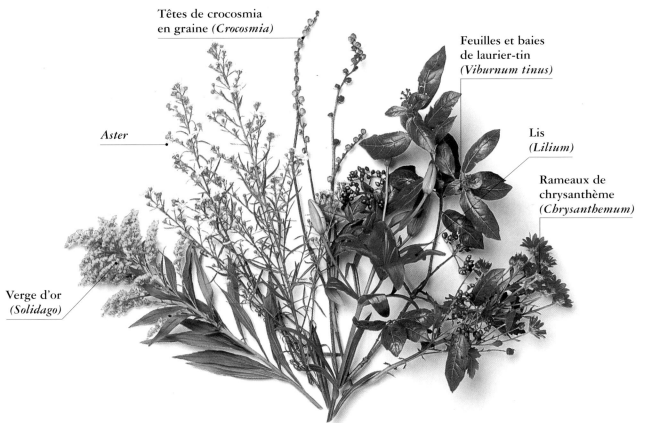

Têtes de crocosmia en graine *(Crocosmia)*

Feuilles et baies de laurier-tin *(Viburnum tinus)*

Aster

Lis *(Lilium)*

Rameaux de chrysanthème *(Chrysanthemum)*

Verge d'or *(Solidago)*

3 *Insérez les tiges de cerfeuil sauvage à l'arrière, en les répartissant parmi les grandes tiges de fleurs de cerisier. Cela rehaussera l'aspect naturel de l'arrangement, tout en évitant qu'il paraisse trop symétrique.*

4 *Placez les tulipes blanches dans les espaces vides. Leur forme étant très marquée, elles auraient pu dominer la composition, mais, de par leur couleur blanche, elles apportent seulement une touche de finition attrayante.*

Vigoureux et capiteux : assortiment printanier

FLEURS ET MATÉRIEL

Un carré de grillage
de 45 cm de côté

Du fil métallique

Un plat peu profond de 30 cm
de diamètre

Un anneau en sarments de vigne

Du film plastique transparent

De la mousse naturelle

3 à 4 jacinthes bleues (*Hyacinthus*)

16 jacinthes en grappes (*Muscari*)

Un pot de primevères jaunes
(*Primula*)

4 brins de lierre panaché
(*Hedera helix*)

2 grands brins de lierre commun
(*Hedera helix* 'Arborea')

24 narcisses à petites fleurs
(*Narcissus*)

CETTE PROFUSION DE FLEURS ODORANTES et printanières offre un mélange de différentes senteurs qui vont du parfum délicat des primevères à l'arôme capiteux des jacinthes. La jacinthe en grappes n'a pas d'odeur, mais elle fait la transition entre les grandes jacinthes cylindriques et les pétales ouverts et plats des primevères. Les couleurs choisies, le bleu et le jaune, sont communes à de nombreux bulbes printaniers. Les fleurs sont disposées de manière à rappeler la façon dont les bulbes poussent naturellement dans les jardins, les jacinthes dominant le tout. Cette composition constitue une décoration attrayante pour une table basse ou une embrasure de fenêtre. Les primevères poussent directement dans le contenant car, une fois coupées, elles ne durent pas longtemps ; l'arrangement aura ainsi une plus grande longévité. Vous pourriez également réaliser directement la composition à partir de plantes en pots en masquant ceux-ci avec de la mousse naturelle.

À droite : les plantes ont conservé leur hauteur naturelle pour ce charmant jardin miniature très parfumé. L'attrait visuel est lié à l'emploi de fleurs de formes différentes.

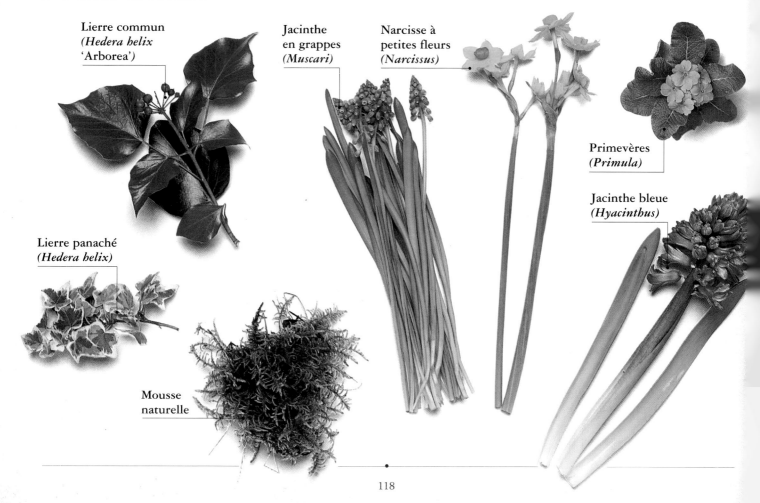

Lierre commun
(*Hedera helix*
'Arborea')

Jacinthe
en grappes
(*Muscari*)

Narcisse à
petites fleurs
(*Narcissus*)

Primevères
(*Primula*)

Jacinthe bleue
(*Hyacinthus*)

Lierre panaché
(*Hedera helix*)

Mousse
naturelle

Réalisation du support

Posez le grillage dans un récipient peu profond, puis recouvrez-le de mousse naturelle et entourez le tout de l'anneau en sarments de vigne. Vous pourriez également utiliser un large panier en osier peu profond garni de plastique.

1 *Posez le grillage. Accrochez un fil métallique sur un côté du grillage et passez-le sous le bol. Attachez-le sur la partie opposée du grillage. Recommencez en faisant toujours passer le fil métallique sous le bol.*

2 *Placez le bol au centre de l'anneau en sarments de vigne. Emplissez le bol d'eau fraîche.*

3 *Couvrez le dessus du grillage et les côtés de l'anneau en sarments de vigne avec des morceaux de mousse naturelle, sans les tasser.*

Réalisation de l'arrangement

Voir aussi : Les supports (pp. 20-21) ; Les arrangements ronds (pp. 48-49) ; Les jaunes et les oranges (pp. 68-69) ; Les mauves et les bleus (pp. 72-73) ; Les plantes parfumées (pp. 110-111).

1 *Attachez les feuilles des jacinthes bleues aux tiges des fleurs avec un élastique. Ces jacinthes, insérées les premières dans le support, forment l'armature de l'arrangement.*

2 *Enfoncez fermement les jacinthes bleues au centre de l'arrangement. Regroupez 6 tiges de jacinthes en grappes et disposez-les près des jacinthes bleues.*

3 *Dépotez les primevères. Secouez doucement la terre superflue, et enveloppez les racines dans le film plastique.*

4 Faites un trou dans le grillage d'un côté du récipient pour laisser passer les primevères enveloppées. Resserrez délicatement le grillage autour des tiges avec vos doigts pour les maintenir verticales, en faisant attention de ne pas déranger les autres éléments de l'arrangement.

5 Insérez les brins de lierre commun et de lierre panaché dans l'anneau en sarments de vigne. Cela donne maintenant l'impression que l'arrangement sort directement du sol, comme un petit jardin dans un coin de bois.

6 Constituez 3 ou 4 bouquets de narcisses d'à peu près 6 tiges chacun, et maintenez-les ensemble avec des élastiques. (Ne les attachez pas trop serrés pour éviter de casser les tiges.) Répartissez les bouquets par intervalles autour de l'arrangement.

7 Assurez-vous que les plantes sont régulièrement espacées et que l'ensemble a la forme d'un dôme arrondi, les fleurs les plus hautes devant se situer au centre. Remplissez les creux éventuels avec les fleurs et le feuillage restants.

Épicé et musqué : coupe de plantes aromatiques

PLANTES ET MATÉRIEL

Un carré de grillage
de 30 cm de côté

Une coupe peu profonde
de 25 cm de diamètre

8 tiges d'*Anaphalis*

5 brins de sauge pourpre (*Salvia officinalis* 'Purpurascens')

8 brins de menthe
(*Mentha suaveolens* 'Variegata')

6 à 7 tiges d'alchémille
(*Alchemilla mollis*)

6 tiges de lamier (*Lamium*)

6 brins de menthe
(*Mentha spicata* 'Crispa')

6 brins de géranium
(*Pelargonium graveolens*
'Lady Plymouth')

15 tiges de lavande (*Lavandula angustifolia* 'Hidcote')

CETTE PETITE COUPE contient un bouquet délicat d'herbes aromatiques associées à un peu de feuillage. Vous pouvez utiliser n'importe quelle herbe, mais choisissez toujours des espèces très parfumées comme la lavande, les géraniums parfumés ou le thym. Certaines herbes aromatiques ont des propriétés thérapeutiques : la lavande a des vertus calmantes, le romarin est considéré comme tonifiant. Une composition d'herbes parfumées rend toute pièce plus accueillante.

Pour réaliser un arrangement d'herbes attrayant, limitez toujours la palette de couleurs ; ici, on a retenu des verts, des mauves et des roses doux. Vous pouvez aussi créer des combinaisons d'herbes aux feuilles argentées – comme le romarin, l'armoise, le thym et la lavande –, associées à des fleurs mauves et bleues, ou une combinaison verte et blanche avec des matricaires, des roses blanches, de l'alchémille et du feuillage panaché. Cet arrangement est réalisé avec un simple support en grillage qui maintient les tiges. Pour qu'il paraisse plus structuré, insérez les herbes en bouquets plutôt qu'une par une.

À droite : cet arrangement associe un parfum de base sucré et musqué (lavande, sauge pourpre et feuilles de géranium parfumé) à un arôme plus léger et plus frais de menthe frisée et de menthe suaveolens 'Variegata'. Ne réunissez jamais trop de parfums différents dans le même arrangement, car ils se neutraliseraient les uns les autres.

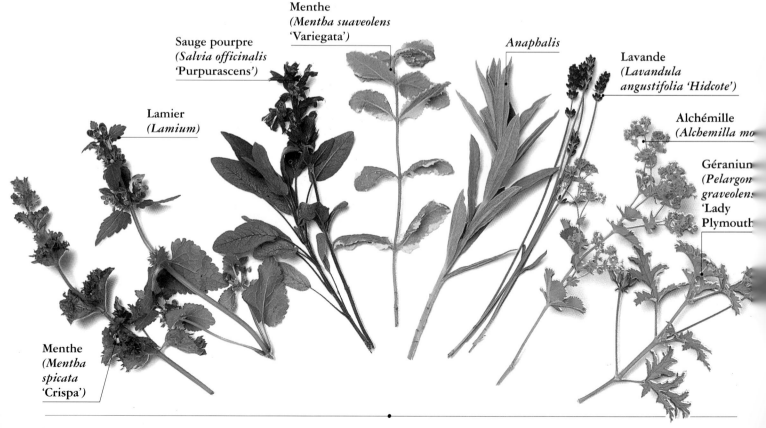

Menthe
(*Mentha suaveolens* 'Variegata')

Sauge pourpre
(*Salvia officinalis* 'Purpurascens')

Anaphalis

Lavande
(*Lavandula angustifolia* 'Hidcote')

Lamier
(*Lamium*)

Alchémille
(*Alchemilla mo*

Géraniu
(*Pelargon
graveolens
'Lady
Plymouth*

Menthe
(*Mentha spicata* 'Crispa')

Réalisation de l'arrangement

Voir aussi : Les supports (pp. 20-21) ; Comment traiter les fleurs (pp. 22-23) ;
Les arrangements ronds (pp. 48-49) ; Les plantes aromatiques (pp. 112-113).

1 *Tendez le grillage par-dessus la coupe, et repliez-le autour du bord. Vous pouvez l'attacher avec du fil métallique (voir page 120). Remplissez la coupe d'eau.*

2 *Ôtez les feuilles d'anaphalis les plus basses. Coupez-les pour qu'elles dépassent de 10 cm du rebord de la coupe. Placez-les tout autour de manière à former une collerette.*

3 *Coupez la sauge pourpre comme à l'étape 2, en ôtant les feuilles les plus basses si nécessaire. Insérez la sauge dans les espaces existant entre les anaphalis.*

4 *Séparez la menthe 'Variegata' en 3 groupes de 2 tiges chacun. Disposez-les à intervalles réguliers entre les anaphalis et la sauge pourpre.*

5 *Prenez 6 ou 7 tiges d'alchémille et groupez-les en les attachant avec un élastique. Insérez le bouquet au centre de l'arrangement de façon à ce qu'il dépasse les herbes environnantes.*

VARIANTE

*Une combinaison plus claire et plus douce, bien que toujours aussi aromatique, associe
l'alchémille avec de la sauge pourpre et des roses de jardin rose pâle parfumées.*

Alchémille
(*Alchemilla mollis*)

Rose
(*'Rosa* 'New Dawn')

Sauge pourpre
(*Salvia officinalis*
'Purpurascens')

6 *Regroupez les lamiers en 2 bouquets de 3 tiges. Placez-les entre l'alchémille et la collerette extérieure d'anaphalis.*

7 *Faites avec la menthe 'Crispa' 2 bouquets de 3 tiges chacun. Insérez chaque bouquet là où il fournira le meilleur contraste avec les anaphalis, plus clairs.*

8 *Insérez les feuilles de géranium dans les espaces vides. Placez la lavande au centre, entre les tiges d'alchémille. Remplissez les trous restants avec les anaphalis.*

Index

Remerciements

Jenny Raworth et Susan Berry remercient vivement les personnes suivantes
pour leur contribution à la réalisation de cet ouvrage :

Mike Newton, assisté de Richard Smith, pour ses admirables photographies ;
Roger Bristow, directeur artistique ; Kevin Williams et Carol McCleeve, maquettistes ;
Sarah Hoggett et Catherine Ward pour la coordination éditoriale,
assistées de Deirdre Mitchell et Corinne Asghar ;
Kate MacPhee, directrice de production ; Suzi Elsden, assistante du marketing ;
Brian Mathew pour le contrôle du nom de plantes ;
et Hilary Bird pour la réalisation de l'index.

Un grand merci également à Jill et Jenny, de Broadway Flower Shop,
et à Lavenders of London, pour leur approvisionnement
en fleurs et en matériel.

DE BEAUX BOUQUETS TOUTE L'ANNÉE
est publié par Sélection du Reader's Digest

PREMIÈRE ÉDITION
Achevé d'imprimé : mars 1997
Dépôt légal en France : avril 1997
Dépôt légal en Belgique : D-1997-0621-34

Imprimé en Italie
Printed in Italy